英国流
アフタヌーンティー・バイブル

歴史から教養、
マナーまで。
**これ1冊で
わかる**

藤枝理子
Fujieda Rico

河出書房新社

はじめに

心ときめくアフタヌーンティーの魅力

アフタヌーンティーという言葉の響きに、不思議な魅力を感じませんか？真っ白なテーブルクロスの上に、エレガントなティーカップと磨きあげられたカトラリー。少し緊張しながら繊細なナプキンを膝に広げ、ティーポットから紅茶が注がれる風景を眺めていると、うやうやしく運ばれてくるシルバーの3段スタンド……。

それは、小さな頃に思い浮かべていた童話の世界に出てくるような、非日常のシーンと重なる特別な時間だからかもしれません。

そんなアフタヌーンティーには、暮らしを豊かに彩るTipsが沢山詰まっています。なぜなら、アフタヌーンティーは、単に美味しい紅茶とお菓子を味わうグルメではなく「英国流の茶道」ともいえる存在だからです。

日本の伝統文化といわれる茶道＝Japanese Tea Ceremony。

茶道は単にお茶を点《た》てて飲むことではなく、礼儀や作法からはじまり、茶道具や室礼《しつらい》、華道や香道、歴史や禅に至るまで、幅広い分野を学び、品性を磨き高める「総合芸術」といわれています。つまり、茶道を嗜むことは、日本文化や価値観への理解を深めることでもあります。

実は、イギリスのアフタヌーンティー＝British Tea Ceremonyも同じこと。一杯の紅茶を通して、マナーやホスピタリティ、陶磁器や銀器、アンティーク、建築様式やコーディネートまで、教養を深め、美意識や感性を磨き、五感を使いトータルで堪能する生活芸術「Art de Vivre」なのです。

生活芸術とは、暮らしの中に息づくアートのこと。暮らしの細部に興味を持ち、さまざまな要素を学ぶことで、何気ない日々の生活に潤いと彩りを添えてくれます。このことから、イギリスでは紅茶やアフタヌーンティーの知識や作法を身につけることは、紳士淑女の必須教養ともいわれています。

今、日本には空前のアフタヌーンティーブームが訪れています。それまで、マダムたちが優雅に愉しむ午後のティータイムというイメージを漂わせていたアフタヌーンティーは、世代を超えて広まり、誰でも気軽に親しむことができるトレンドになりました。

同時にSNSの飛躍的な普及によって、アフタヌーンティーのマナーやルールについても、情報が洪水のように溢れるようになりました。日々ネット上に飛び交うさまざまな情報の中には、正しいものだけではなく、誤った内容や誤解を招くような表現も少なからず存在します。

みなさまも、どこかで目にしたことがあるのではないでしょうか。

紅茶の飲みかたひとつにしても「ティーカップのハンドルに指を通すのはマナー違反」と写真入りで持ちかたを説明されることもあれば「落とさないように、しっかりと握りましょう」と書かれていることもあります。ミルクの入れかたも「英国流は必ず先」「あとから入れるのが正しいマナー」と真逆の説明がされていたり、スプーンを置く位置も縦・横・斜めバラバラです。

実は、私がイギリスへ紅茶留学に行くきっかけとなったのも、そんな多くの疑問点の正解が知りたいという探究心からでした。

紅茶の国・イギリスへ行けば、すぐに答えが見つかるだろうと思っていたのですが、思いのほか難航することに……。口から出てくるのは「ティータイムに堅苦しいマナーなんてないわ」「リラックスして楽しむことが一番よ」という言葉。そして、講義を受けても日本と同じように、先生によって教えてくれることが違うのです。文献を調べたところで、背景を含めて詳しく書かれているものなどありません。

その壁は想像以上に高く、答えに辿り着くまでには長い時間と労力を費やすことになりました。

謎を解く鍵は、イギリスならではの「階級＝クラス」にありました。

アフタヌーンティーは「英国流の茶道」と申し上げましたが、茶道も流派によって、お茶を嗜む作法や点前、道具や設《しつら》えまで違いがあります。その流派にあたるものが、英国の階級というわけです。

イギリスは階級社会です。アフタヌーンティーの流儀やマナーも階級ごとに異なるうえ、さらに同じソサエティの中にもヒエラルキーがあり、細かな約束事が存在します。そこに正誤というものはありませんので、間違ったマナーだとジャッジすることも、されることもありません。

一方で、マナーは時代によって変化をしていきます。

特にイギリスではロイヤルファミリーが規範となっていますので、絶大な人気を誇ったエリザベス2世女王からチャールズ国王へと代替わりし、伝統と規律を重んじる英国にも、少しずつ新しい風が吹き込んでいます。

私がアフタヌーンティー研究家としてお伝えしたいのは、何も貴族の流儀やマナーを身につける術ではありません。

「紳士淑女」とは、高い教養と気品を備えた、礼儀正しい大人という意味です。

まわりの人々への敬意を表すコミュニケーションツールとしてマナーを身につけ、つねに学ぶ気持ちを忘れず自分磨きを続けることで、人生をより豊かに輝かせる術です。

本書は、アフタヌーンティーを愉しむために必要な知識やマナー、おもてなしのルールについて、初心者から上級者まで体系的に学ぶことができるようにまとめた一冊です。

私がイギリスの紅茶留学で習得した知見をベースとして、20年以上にわたる活動の中で積み上げてきた情報をアップデートしつつ、さまざまな角度からお伝えしていきます。

素敵な人生を歩み続けるために、ぜひ気品と教養を磨きながらページをめくり、日々の暮らしの中にエッセンスを取り入れてみてはいかがでしょうか。

Contents

第1章　優美なヴィクトリアンティーの世界

第2章　アフタヌーンティーを愉しむための教養Lesson

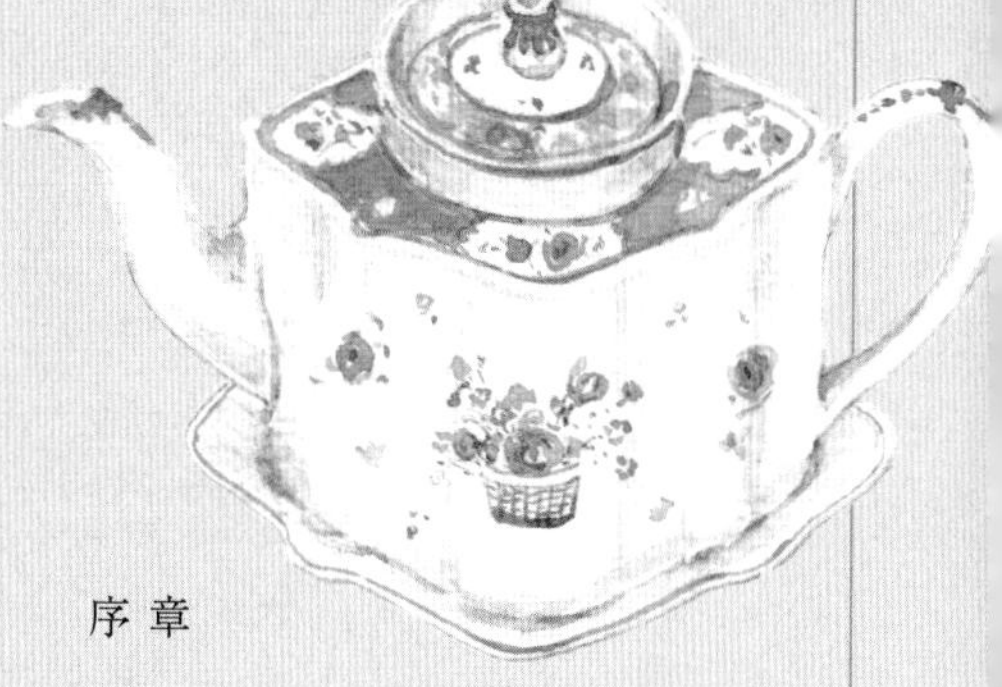

序章

英国伝統の
アフタヌーンティーを紐解く

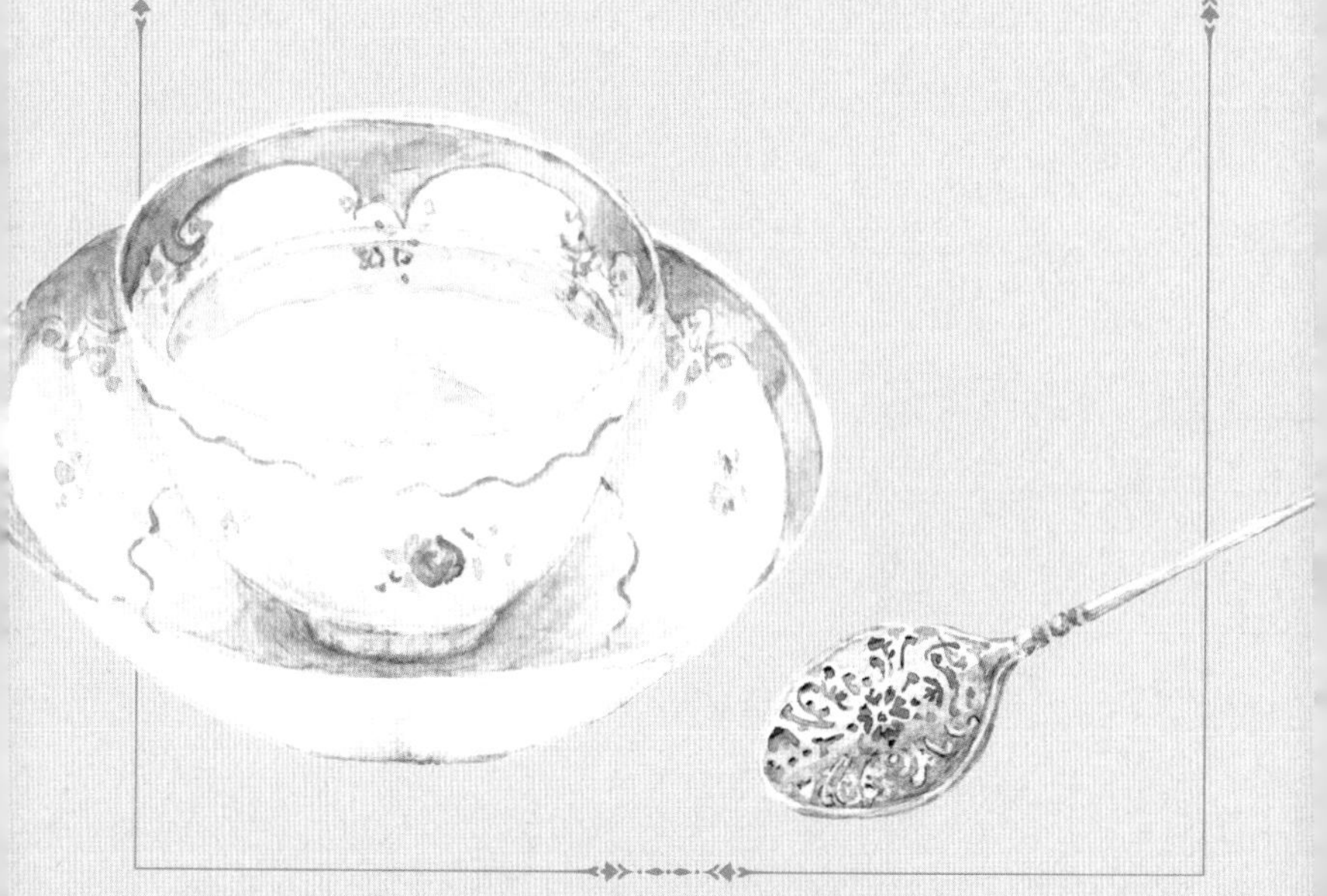

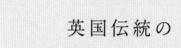

英国伝統の
アフタヌーンティーとは

アフタヌーンティーと聞くと、どのようなイメージを思い浮かべますか？優雅な午後のひとときを、お洒落をしてホテルへ出向き、シルバーの3段スタンドを前に、紅茶と一緒にサンドイッチやスコーンをいただく……。それが正式なスタイルと考えるかたも多いのではないでしょうか。

実は、そのようなホテルアフタヌーンティーの光景は、20世紀に入ってから広まったワンシーン。ヴィクトリア時代にはじまった伝統的なアフタヌーンティーは、日本の茶道に似たようなもので、自宅にゲストをお招きして、おもてなしするというスタイルから発祥したお茶会なのです。

「紅茶の国」と呼ばれるイギリスには、7つのお茶時間があります。

お目覚めの一杯から一日を終えて眠りにつくまで、まるで時間割のようにティータイムがやってきます。これは、19世紀のヴィクトリア時代から20世紀初頭のエドワード7世の時代にかけて確立されたスタイル。そんなイギリス流ティーライフの中で、最もエレガントで優雅な時間がアフタヌーンティーです。

まずは、その7つのティータイムをご紹介します。

「イギリス人は仕事の合間にティータイムをするのではなく、ティータイムの合間に仕事をしている！」なんて茶化されるほど。楽しいときも悲しいときも、一日中ティーカップがそばで見守ってくれています。

7つのティータイム

アーリーモーニングティー……お目覚めの一杯

ブレックファーストティー……朝食と一緒にいただく紅茶

イレブンジズ……午前11時頃のリフレッシュティー

ミッディーティー……午後のティーブレイク

アフタヌーンティー……優雅な午後のお茶会

ハイティー……軽い夕食を兼ねたお茶の時間

アフターディナーティー……夜のリラックスティー

Column 1

どんなときにも紅茶を

"If you are cold, tea will warm you;
if you are too heated, it will cool you;
if you are depressed, it will cheer you;
if you are excited, it will calm you."

紅茶は、あなたが寒いときにはあたためてくれ、
暑いときには冷やしてくれ、
落ち込んでいるときには元気づけてくれ、
興奮しているときには、落ち着かせてくれます。

このモットーを残したのは、19世紀ヴィクトリア時代にイギリス首相を務めたウィリアム・ユワート・グラッドストーン。

つまり、当時からイギリス人にとって紅茶は日常の一部であり、日々の暮らしの中に寄り添い、人生に彩りを添えてくれる存在だったのです。

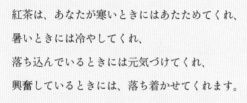

イギリス流ティーライフは、お目覚めに飲む一杯「アーリーモーニングティー」からはじまります。

朝食と一緒にいただくのは「ブレックファーストティー」。

大きなモーニングカップに入れたミルクティーは、一日の活力源です。

そして、職場や学校でもティーブレイクは欠かせません。

11時頃に気分転換も兼ねてちょっと一息「イレブンジズ」。

ランチを挟み、午後3時頃にもビスケット片手に「ミッディーティー」。

紅茶とスコーンを組み合わせたクリームティーなら最高のおやつタイムです。


イギリスの紅茶文化を象徴する「アフタヌーンティー」は、休日や特別な記念日などに行われる優雅なお茶の時間。午後のひととき、紅茶とともに軽食をいただきながらお喋りをする社交は、ヴィクトリア時代、貴婦人のサロンから発祥したものです。

19世紀末になるとホテルやティールームでも楽しめるようになり、その優雅な習慣は海を越え、世界中で親しまれるようになりました。

「ハイティー」は軽い夕食を兼ねたティータイム。

現在では、観劇やオペラへ行く前にシャンパンやアルコールと一緒にいただくセミフォーマルなハーフディナーとしても人気があります。

ディナーのあとのくつろぎの時間は「アフターディナーティー」。

一日の疲れを癒やし、スムーズに夢の中へと誘ってくれます。

21世紀の現代、日課表のように律儀にティータイムを実践するのはロイヤルファミリーであってもなかなかむずかしそうですが、生活の中でお茶の時間を大切にする習慣は、今もなお継承されています。

一杯の紅茶は、心豊かに暮らすための大切なエッセンスなのです。

紅茶のルーツを探る

紅茶の国といわれるイギリス。

そう聞くと「紅茶発祥の地なの？」、もしくは「有名な茶産地では？」、はたまた「消費量や輸入量が世界一？」と思われるかもしれませんが、実はどれも当てはまりません。

では、イギリス＝紅茶の本場というイメージは、いったいどこからきたのでしょうか？

その答えを導く鍵となる紅茶とアフタヌーンティーのヒストリーを探っていきましょう。

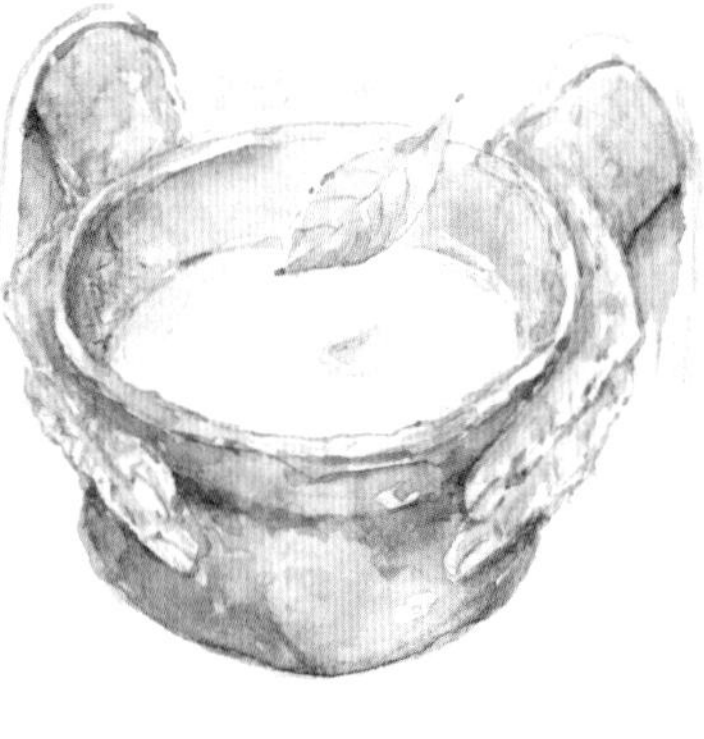

「茶は東にありき」。

お茶のルーツは中国にあり、人類とお茶との出会いは遥か5000年も前、紀元前2737年に遡るといわれています。

世界最古の茶のバイブル書『茶経《ちゃきょう》』によると、お茶を発見した人物は、中国の神話伝説に登場する三皇五帝の一人、炎帝神農《えんていしんのう》。

「医薬の神様」とも呼ばれる神農は、野山を駆け巡り、あらゆる種類の草木を口にして薬草の研究を続け、東洋医学や漢方の基礎を築いた祖ともいわれています。

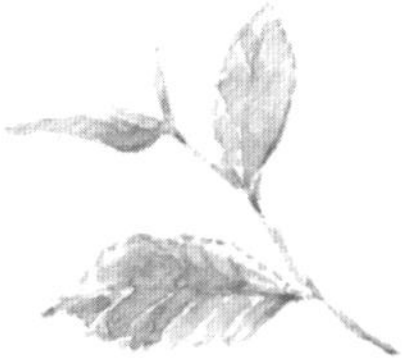

そんな神農とお茶が出会った瞬間は、とてもロマンティックに語り継がれています。

ある日、神農が木陰で白湯を飲むために休んでいたところ、手にした湯のみの中に風に吹かれて数枚の木の葉がハラハラと舞い降りたそうです。しばらく眺めてから口にしたところ、今まで味わったことのない素晴らしい香りと味に、たちまち魅了されたといいます。その葉こそカメリア・シネンシス＝お茶の葉で、ここから長い茶史がはじまったとされています。

この神農、なんと多いときには1日72の毒にあたり、苦しみながらも、お茶の解毒作用を利用して、１２０歳になるまで研究を続けたともいわれています。

東京の湯島聖堂（文京区湯島）や大阪の少彦名《すくなひこな》神社（中央区道修町《どしょう》）ほか、漢方薬局などにも神農像が祀られています。

中国・雲南省を原産とするお茶は「不老長寿の薬」として紀元前から嗜まれていました。

日本には奈良～平安時代にかけて、中国に渡った遣唐使や留学僧によって持ち込まれたとされています。禅修行の「茶礼」と呼ばれる儀式の中で、お茶を飲むことによって集中力を高めていたのです。

鎌倉時代の代表的な医書である『喫茶養生記』には「茶は養生の仙薬なり。延命の妙術なり。」とあり、貴重なお茶は皇族や貴族といった特権階級の人々の間で、薬として飲まれていたことがうかがえます。

お茶をいただく際に「ご一服いたしましょう」という言葉が用いられるのは、薬を服するという意味からきたものです。

室町時代に入ると、おもてなしとしての茶が誕生し、安土桃山時代、千利休らによって日本の伝統文化である「茶の湯」が確立されました。

紅茶誕生にまつわる秘密

それでは、紅茶はどのようにして生まれたのでしょうか？

紅茶の誕生ストーリーといえば、こんな話も聞こえてきます。

17世紀、イギリスにお茶がわたった頃、紅茶はまだ誕生前でした。

当時は中国から船で緑茶が運ばれていたのですが、赤道直下を航海中にあまりの高温と湿気によって船底で発酵が進んでしまい、イギリスに到着して箱を開けてみたところ、茶葉が黒く変色し、偶然的に紅茶が生まれた……。

そんなロマンティックな説を信じている人も多いのですが、実はこの船底自然発酵説は誤ったエピソードです。

お茶はカメリア・シネンシスというツバキ科の植物の葉から作られています。

葉をつみ取ったあとの製法の違いによってさまざまなお茶に分類され、大きく分けると「不発酵茶の緑茶」「全発酵茶の紅茶」「半発酵茶の烏龍茶」に分類されます。

緑茶は製造のプロセスで熱を加え発酵を止めることで酸化酵素が失活しているため、いくら船底が蒸し暑かったとはいえ全発酵まで進むことはなく、理論上説明がつかないのです。


お茶誕生の順番は、緑茶→烏龍茶→紅茶。

お茶の故郷・中国でも、唐の時代（６１８－９０７年）までは、お茶といえば不発酵茶の緑茶でした。宋の時代（９６０－１２７９年）に入ると烏龍茶の名で知られる半発酵茶が作られるようになります。明の時代（１３６８－１６４４年）になりヨーロッパとの交易がはじまると、イギリス特有の硬水、砂糖やミルクに合うなどの理由から、より発酵の強いお茶が好まれるようになります。

紅茶・緑茶・烏龍茶という分類はあとから作られたものであって、当時は茶葉が緑っぽいお茶を「グリーンティー（不発酵茶）」、黒っぽいお茶を「ブラックティー（発酵茶）」と区別していたようです。

中国の茶師たちは、イギリス人の嗜好にあわせて徐々に発酵を高めていき、試行錯誤の末、19世紀に入る頃に全発酵茶としての紅茶の製法を確立、紅茶というジャンルが誕生したのです。

シノワズリー
東洋への憧れとお茶との出会い

長い茶史の中で、紅茶が誕生してから僅か200年ほど、しかもイギリス人が初めて口にしたのは紅茶ではなくグリーンティー、つまり緑茶だったと聞いて、驚かれたかたも多いのではないでしょうか。

中国で発祥したお茶がヨーロッパへと辿り着いたのは、大航海時代を迎えていた17世紀のこと。アフタヌーンティーが誕生する200年ほど前、お茶を嗜むという喫茶の習慣は、東洋への憧れからはじまりました。

この時代、ヨーロッパの人々にとって、中国や日本というのは神秘的で謎に包まれた国でした。極端にいえば「野蛮な西洋と洗練された東洋」という関係性。東洋の高度な文化にカルチャーショックを受け、強烈な憧憬を抱くようになり、東洋趣味＝シノワズリー（Chinoiserie）が一大ブームとなります。

中でも王侯貴族たちの心を鷲づかみにしたのが、エキゾチックな飲み物＝茶でした。１６１０年、日本の長崎・平戸からオランダ東インド会社の船によってヨーロッパへ初上陸したお茶は緑茶でした。

初めて目にするミステリアスな茶は「万病に効く魔法の秘薬」として王侯貴族たちの間で一大旋風を巻き起こします。その背景にあったのが、当時、彼らを悩ませていた痛風の存在。文字通り「風が吹いただけでも痛い」といわれる贅沢病です。

そんなとき、ある噂が流れます。

「東洋人はスリムで痛風知らず、しかも寿命も長い。その秘密は、日常的に飲んでいるお茶という名の万病の薬にあるらしい……」

お茶は薬局で扱われるようになり、治療薬として広まっていったのです。

お茶だけではなく、お茶を嗜むための茶道具にもこだわりました。

王侯貴族たちはサロンを東洋趣味で設え、日本の茶道をお手本とした真似事も流行します。お茶とともに海を渡って運ばれてきた茶壺や茶杓《ちゃしゃく》を宝物のように並べ立て、小さなハンドルのないティーボウルと呼ばれる茶碗に濃く煮出した緑茶を入れて、クルクルとまわしながら奇妙な儀式のように服することもありました。

王にとっては不老不死の身体、貴婦人にとっては永遠の美と若さが手に入る秘薬と信じて、一日に何十杯とお茶を啜《すす》り飲んでいたといいますから、さらに驚きです。

18世紀の英国で繰り広げられた神秘的なお茶会

18世紀に入ると、イギリス東インド会社が東洋貿易の支配権を拡大し、手に入りやすくなったお茶は、上流階級から新興階級=ブルジョワジーへと広まっていきました。するとお茶は薬としての位置づけから離れ、上流階級の飲み物として頂点を極め、社交としての意味合いが強まっていきました。

貴族の館を訪問すると、歓迎の意を込めてゲストにお茶がもてなされるようになり、少しずつ約束事のようなものが生まれていくようになります。

お茶会は午後3時頃から始まり、女主人がゲストを出迎えます。

お茶室として人気があったのは、東洋風に設えられたシノワズリールーム。

茶道具一式をティーテーブルにうやうやしく取りだし、鍵付きのティーキャディ（茶入れ）を前に、キャラコを身に纏った女主人自らが、お茶を振る舞いました。

この時代の王侯貴族たちは、料理や家事すべて使用人まかせでしたが、お茶を淹れるのは女主人の大切な役割。ゲストはティーポットに触れることもタブーとされました。

初めに女主人がゲストに「どのようなお茶がお好みでしょうか？」とお伺いをたてます。

そして、茶道の点前のようなゆっくりとした所作で、主賓の目の前でティーキャディを開き、左右に分かれて入れられた緑茶と半発酵茶をキャディスプーンで掬い、中央のミキシングボウルへと移しブレンドします。その後ティーポットに茶葉を入れ、ケトルからお湯をさして蒸らし、ゆっくりとゲストのティーボウル（茶碗）に注ぎます。

次に主賓から順番に「お砂糖はいかがいたしますか？」と伺い、大きなシュガーボウルから砂糖の塊をシュガーニップでつまみ、音を立てずに静かに入れて手渡します。

お茶が振る舞われると、ゲストは片手でティーボウルを持ち上げ、まずお茶の香りを愉しみます。そして、スプーントレイからシルバーの小さなスプーンを取りだし、ミルクや砂糖を混ぜます。この時代、スプーンはシェアしていたので、使い終わるとトレイに戻しました。

その後、お茶をティーボウルからソーサー（受け皿）に移しかえ、ズズ～っと音を立てて啜るように飲む、Dish of Teaと呼ばれる奇妙な光景が繰り広げられることもありました。

そしてゲストは必ず「美味しいお茶ですね」と褒め言葉をかけることがマナーとされていました。

お茶は薬として持ち込まれたため、飲む際には空腹を避け消化を促す意味も兼ねて、お茶菓子も一緒に振る舞われました。特に、高価な砂糖と真っ白な粉を使って色をつけずに焼き上げたビスケットは、高貴なお茶にふさわしく、甘いビスケットのペアリングは贅沢の極みとされていました。

お茶のおかわりを断ることは許されず、勧められるがまま10杯20杯と嗜み、もうこれ以上は結構ですという場合は、言葉には出さずティーボウルをソーサーの上に裏返しに置いて合図を送ります。そして、別れ際には「次はうちへいらしてください」と声をかけ、招待しあうのが茶会のしきたりでした。

当時はティーセレモニーを開くこと自体が一種のパフォーマンスでもあり、お茶を淹れることや、お茶をいただく一連の所作そのものが、非常にファッショナブルとされていたのです。

アフタヌーンティー誕生前
18世紀のお茶道具

18世紀、上流階級の間で社交としてのお茶会が定着すると、お茶とお茶会にまつわる道具は、優雅さの象徴となりました。

アフタヌーンティーが誕生する前のお茶会には、どのようなお茶道具が並べられていたのでしょうか？タイムトリップしてみましょう。

ティーキャディ（茶入れ）
Tea Caddy

18世紀、お茶は非常に貴重だったため、ティーキャディと呼ばれる鍵付きの木箱に入れて、ベッドルームで保管されていました。さらにその鍵は領主が常に身につけて歩き、就寝中には首から下げていたといいます。なぜなら、使用人たちが夜中に茶葉を持ち出してしまうことがあったから。

当時は、お茶会のあとに残った出がらしの茶葉でさえ、許可を得て持ち帰り、鍋で炒って袋に詰めて街に出て売ると、結構なお小遣い稼ぎになったそう……。まさに宝石と同じ扱いだったというわけです。

17世紀、緑茶が主流だった頃は、蓋を開けると1種類のみが入る形状の箱でしたが、発酵が進みお茶の種類が増えるにつれて、ダブルやトリプルのコンパートメントに区分けされるようになりました。種類の異なるお茶をブレンドするために、ガラスのミキシングボウルが付属したタイプも登場しました。

キャディスプーン（茶杓）
Caddy Spoon

お茶を淹れるという所作そのものが神秘的な儀式であったこの時代、ティーキャディから茶葉を移すために作られたキャディスプーンにもゲストの目は釘付けになりました。

17世紀、キャディスプーンはキャサリン王妃（49ページ参照）によってお茶と一緒にポルトガルから持ち込まれました。もともと、木箱の茶葉を計量する際にスプーンの代わりとして貝殻を使っていたことから、シェルシェイプと呼ばれる貝殻をモチーフとした銀器が好まれていたそうです。

18世紀、ジョージ3世は乗馬用ヘルメットをモチーフにしたジョッキーキャップ型スプーンを考案。計量に適した匙加減で重宝されました。

この時代のキャディスプーンは優美な細工が施されたアイテムが多く、まさにテーブルの上の芸術品といった趣があります。

ティースプーン・モートスプーン

Tea Spoon / Mote Spoon

初期の頃からお茶に砂糖を入れる習慣のあったイギリスでは、お茶会にはスプーンが必要でした。小さな茶器にあわせた小ぶりのスプーンは磁器と同じく貴重だったため、招かれたゲストが持参したり、数人のゲストでシェアしながら使いました。

また、お茶会を開く女主人用には特別なスプーンがありました。純銀製でピアストワークと呼ばれる繊細な細工が施されたモートスプーンです。

モート（mote）というのは小さな塵《ちり》のこと。お茶に浮かぶ茶葉を掬い取る茶漉しのような役割のほか、先端の尖ったハンドル部分でティーポットの注ぎ口に詰まった茶葉を取り除くためにも使われていました。18世紀、ジョージアンの非常に限られた時代に銀職人によってひとつひとつ丁寧に作られたハンドクラフトのため、希少性が高い贅沢なアイテムです。

シュガーバスケット・シュガーニップ

Sugar Basket / Sugar Nip

お茶と同じように贅沢品の象徴とされた砂糖。当時は長い棒状の大きな塊で館に届けられ、鍵のついた特別な部屋で厳重に保管されました。砂糖そのものがステイタスシンボルであり、パーティーの際にはクラッシャーと一緒にテーブルフィギュアとして飾られ、ゲストの目の前で砕いてもてなすこともありました。

お茶会では、その存在感を示すために大ぶりで蓋のないシュガーバスケットやシュガーボウルに砂糖を入れ、女主人自らがイニシャル入りのシュガーニップで振る舞いました。

18世紀のお茶道具

Tea Kettle

Mote Spoon

Tea Spoon

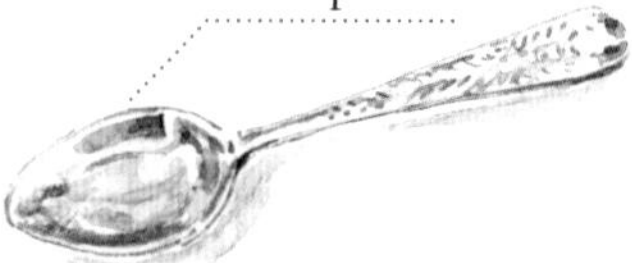

Tea Urn

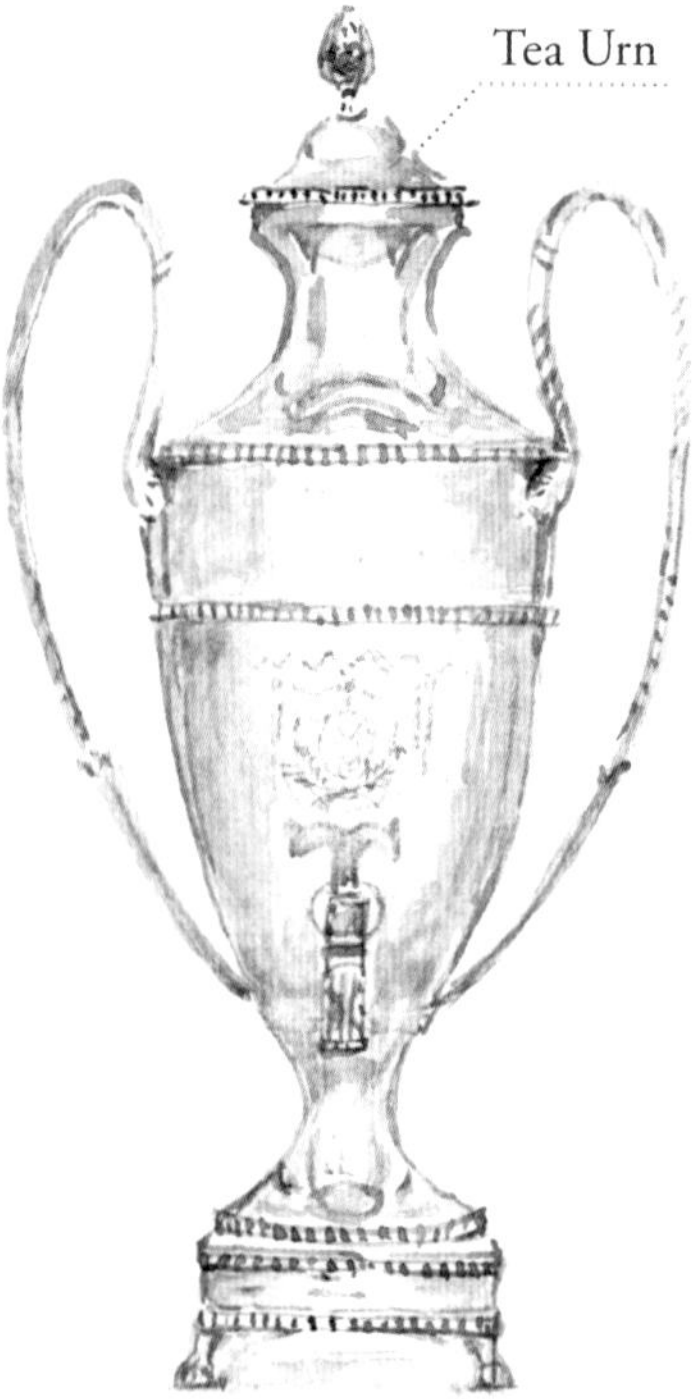

Jockey Cap

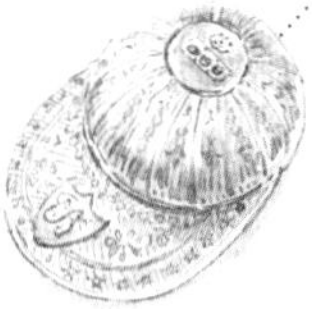

Caddy Spoon

Sugar Nip
Slop Bowl
Tea Bowl
Sugar Basket
Tea Caddy

ティーボウル（茶碗）

Tea Bowl

お茶を飲むためのハンドルのない小さな茶碗のこと。17世紀、お茶とともに一緒にわたってきたのが、中国製の小茶碗でした。小さなサイズのうえ受け皿もありませんでしたが、お茶の広まりにともない、少しずつ大きくなって、深皿が添えられるようになり、紅茶を受け皿に移して飲むという作法が生まれました。

スロップボウル（湯こぼし）

Slop Bowl

茶道でいう建水のような役割で、ティーボウルを温めたりすすぐために使ったお湯や、冷めてしまったお茶を流すための湯こぼし。ティーボウルを大きくした形状の器のため、お揃いの柄で作らせることも多かったのですが、スロップボウルはティーテーブルの上ではなく、ゲストの目線に入らない場所に置かれました。

ティーケトル（薬缶）
Tea Kettle

お茶を淹れる際に必要なお湯を沸かすために作られた優美な純銀製のケトル。宮殿や大邸宅のキッチンは地下にあり、そこで沸かしたお湯が長い廊下や階段を経て茶室に届く頃には、すっかり冷めてしまうこともありました。

そのため、お茶会用に優美な装飾を施したティーケトルを作らせ、お湯を沸騰させておくためのアルコールバーナーと一緒に、ティーテーブルや専用のスタンドにセッティングしました。

ティーアーン（湯沸かし）

Tea Urn

アーンというのは「台つきの飾り壺」という意味で、茶道で使う茶釜のような存在の湯沸かし器です。

お茶会では大量のお湯を使うため、ティーケトルだけでは足りなかったことや、熱湯が噴きこぼれることもあったため、スムーズにおもてなしをするために考案された茶道具。大きな本体に蛇口とハンドルがついていて、ロシアのサモワール（給茶器）のような形状をしています。

18世紀の終わり頃にはティーケトルに代わり、ジョージアン様式の純銀製ティーアーンがお茶室を華やかに飾りました。

お茶会をステイタスシンボルに引き上げた3人の貴婦人たち

イギリスにお茶がわたったのは1650年頃。英国における喫茶の習慣は宮廷内で花開き、女性たちによって受け継がれ、アフタヌーンティーと呼ばれる華やかな紅茶文化へと発展することになります。お茶を愛し広めた貴婦人たちのストーリーを追っていきます。

キャサリン王妃
Queen Catherine of Braganza

1638-1705

1人目の貴婦人は、英国王室にお茶を嗜む習慣を広めたキャサリン王妃です。

1662年、ポルトガルの名門ブラガンザ家から、政略結婚としてチャールズ2世のもとへお輿入れした彼女は、膨大な持参金を持ってやってきます。インドのボンベイ、モロッコのタンジール地方などの領地のほか、誰もが驚いたのが3隻もの船底のバラスト（重し）として、銀の代わりに積まれた貴重な砂糖でした。

ポルトガル王家には、当時すでにリスボンスタイルという喫茶の習慣があり、嫁入り道具の中には遠い異国の地へ嫁ぐ娘のことを想う親心でしょうか、茶箱に詰めた茶と茶道具が入っていました。

キャサリンは英国ポーツマス港に到着するとすぐに、船酔いの薬としてお茶を淹れるように要求したことから「ファースト・ティー・ドリンキング・クイーン」と呼ばれることになります。

王妃となり新婚生活に入ると間もなく、大きな悩みを抱えてしまいます。「陽気な国王」とも呼ばれたチャールズには沢山の寵姫《ちょうき》がいて、結婚後も浮気を繰り返していたのです。二人の間には子どもができず、代わりに愛妾《あいしょう》との間には14人もの庶子をもうけたほどでした。

そんな王妃が寂しさを紛らわせるために拠りどころにしたのが、故郷ポルトガルに想いを馳せるお茶の時間でした。当初は美容と健康にと愛飲していた貴重なお茶でしたが、そこに惜しげもなく砂糖を入れ嗜好品として愉しむようになり、いつしか心を癒やす大切な時間となっていたのです。その姿は本人の想いとはうらはらに、非常に贅沢でファッショナブルなスタイルに映ったようです。

そのうち宮廷に貴婦人がたを招き入れ、お茶を愉しむようになります。

幼少期からお茶に慣れ親しんでいた王妃は、中国製の茶箪笥に茶器を並べ立て、最高級の江蘇《こうそ》省宜興《しょうぎこう》産の紫砂《しさ》茶壺《ちゃこ》と小さな茶碗を使い、贅の極みともいえる砂糖入り緑茶とビスケットでもてなすことで、自らの尊厳を保っていたのです。その洗練されたスタイルは羨望の的として広まっていきました。

最後までイギリスでの生活に馴染めなかった王妃は、チャールズが他界後一人ポルトガルへ帰国し、67歳で数奇な生涯の幕を閉じました。

王妃の置き土産となった宮廷喫茶のしきたりは、その後200年という長い月日をかけて、華麗な英国紅茶文化へと発展していくことになります。

メアリー2世女王
Queen Mary II

1662-1694

キャサリン王妃によって持ち込まれた贅沢な宮廷茶会の習慣を受け継いだのが、2人目の貴婦人メアリー2世女王と次に登場するアン女王です。

二人はチャールズ2世からすると姪っ子にあたる姉妹。キャサリン王妃との間に世継ぎが生まれなかったため、弟であるジェームズ2世が王位に即し、その継承権は姉妹へと受け継がれることになります。

キャサリン王妃の影響で、イギリス宮廷内にはポルトガル式の喫茶の習慣が定着していたこともあり、姉妹は幼い頃からお茶に親しんでいました。

名誉革命（1688－1689）後、共同統治者となった夫のウィリアム3世は、オランダ総督という立場でもあり、メアリーは結婚後の10年あまりをオランダのハーグで暮らしました。

17世紀といえば、オランダの黄金時代。オランダ東インド会社は、イギリスよりも先にお茶の取引を開始し、喫茶の習慣やマナーもヨーロッパの中では最先端とされていました。そのオランダ宮廷で身につけた洗練された立ち居振る舞いや作法は、イギリスに持ち帰ると、たちまち羨望を集めることになります。「お茶をいただくときには、ティーボウルからソーサーに移しかえて、音を立てて飲むのが教養あるエチケット」。そんな一見奇妙にも見える作法も、オランダから持ち込まれました。

憧れの東洋からやってきた磁器のティーボウルは、ハンドルがなく熱くて持ちにくかったため、ソーサーに移しかえることで温度を下げ、空気を一緒に啜り飲むことで苦味をやわらげていたようです。

シノワズリー愛好家でもあったメアリーは、当時のヨーロッパで大変珍重されていた磁器（china）や漆器（japan）を収集し、日本の漆塗りの家具や伊万里焼、特に柿右衛門様式のコレクションをハンプトンコートに残し、妹のアンへと引き継がれました。

アン女王
Queen Anne

1665-1714

姉のメアリー2世女王が32歳の若さで他界したことで、1702年、妹のアンが女王に即位します。

彼女もまた大のお茶好きとして有名で、公務の間もティーカップを離すことがなく「ドリンキング・クイーン」という呼び名がつけられたほどでした。

アンはお茶の時間をライフスタイルの中に取り入れ、お茶会を社交に用いて上流階級のステイタスシンボルに押し上げました。

姉メアリーの影響もあり、アンはウィンザー城やケンジントン宮殿にお茶室を構え、お気に入りのシノワズリーの家具や調度品で東洋風に設え、チャイナキャビネットに伊万里コレクションや茶道具一式を整然と並べ、お茶会を開きました。

社交家だった女王の催すお茶会には、つねに大勢のゲストが集まり、中国製の小さな急須では容量が足りず、大きな茶器があれば……と思案するようになります。17世紀、キャサリン王妃が宮廷内に広めたのは中国式の淹茶《えんちゃ》法でした。朱泥や紫泥の茶壺を使い緑茶を抽出していたのですが、その中国茶器は小ぶりなものだったのです。

そこでアンは、おもてなしのために英国製のシルバーで大きな急須を作ることを考案。アンが好んだ洋梨形のシェイプをした純銀製のティーポットに茶葉を入れ、蓋をして蒸らすという英国式の淹茶法で、大勢のゲストにお茶を振る舞うようになりました。のちに「クイーン・アン様式」と呼ばれることになるティーポットの誕生です。

シンプルながらも洗練された曲線美を持つ純銀のティーポットは保温性も高く、お茶の味をまろやかにし、エレガントなお茶会には欠かせないアイテムになりました。

そして、ティーポットにあわせてティーキャディ（茶入れ）やキャディスプーン（茶杓）もシルバーで作られるようになり、英国銀器の世界が磨かれ、茶道具にも革新的な変化をもたらしました。

アン女王好みの家具や茶道具で茶室を設え、女性同士が集まってファン（扇）を片手にお茶とお喋りを愉しむ。そんな贅沢で優美なティーパーティーはステイタスシンボルとして宮廷内から上流貴族階級へ広まり、ヴィクトリア時代へと受け継がれていくことになります。

＊アン女王お気に入りの茶室のひとつ、ケンジントン宮殿内につくられたオランジェリーは、今もロンドンっ子たちに人気のアフタヌーンティープレイスとして開放されています。

第1章

優美なヴィクトリアンティーの世界

アフタヌーンティーを考案した貴婦人

19世紀、栄光のヴィクトリア時代、いよいよアフタヌーンティーが誕生します。

創始者は、ウォーバンアビーの館に暮らす聡明なカリスマ・マダム、第7代ベッドフォード公爵夫人、アンナ・マリア。

1783年、第3代ハリントン伯爵の長女として誕生したアンナは、1808年にのちの第7代ベッドフォード公爵となるフランシス・ラッセルと結婚。

ラッセル家といえば、一族の中に英国首相を歴任したジョン・ラッセルや、著名な哲学者として知られるバートランド・ラッセルなどが名を連ねる超名門貴族です。

英国貴族の爵位はduke（公爵）・marquis（侯爵）・earl（伯爵）・viscount（子爵）・baron（男爵）の5つで構成されていますが、最も地位が高いのが公爵。王室とも距離の近い「貴族の中の貴族」ともいえる存在です。

1840年頃、当時の貴族の食事スタイルは一日2回。王室に倣《なら》いボリュームのある朝食をとったあとは、夜8時頃からスタートするディナーの時間まで、何も口にできませんでした。

しかも、その時代の貴婦人は「華奢でウエストが細いほど魅力的」とされ、ウエスト50センチを目指しコルセットをぎゅうぎゅうに締めつけたうえで、重いドレスを身に纏って暮らしていたのです。

午後4時頃になると、締め上げられたコルセットの息苦しさと空腹から、気を失ってしまう貴婦人も少なくなく、可憐なヴィネグレットと呼ばれる銀器に気付け薬を入れて、持ち歩いていたといいます。

その時間になると「憂鬱で気分が落ち込む」と口走っていたアンナは、ある秘め事を日課としていました。それが「秘密の一人お茶会」。自分のベッドルームに紅茶とバター付きのパンを運ばせ、ひっそりと愉しんでいたのです。

天性の社交家だったアンナは、ストレスを感じているのは自分だけではないはず……と、この優雅な午後のお茶時間に友人を招待することを思いつきます。

フォーポスターと呼ばれる天蓋付きのベッドを囲むように一人、また一人とゲストが増えると、小さなティーテーブルを用意し、レースのクロスの上にシルバーのティーポットを並べ、自らが紅茶を淹れてもてなすようになります。

お茶の時間に定番となっていたビスケットやプティフールも振る舞うようになると、お喋りにも花が咲きます。ベッドルームというプライベートな空間ゆ

アンナ・マリア
1783-1857

えの安心感から、貴婦人たちも心おきなく自由な会話を愉しむことができたのです。そんな居心地よい時間はどんどん長くなっていき、いつしか社交の時間へと発展していきました。

この時代の世襲貴族たちは、貴族院議員という立場もあり、ジェントルマンとして政界絡みの接待も重要な仕事のひとつでした。アンナの夫であるベッドフォード公爵もホイッグ党の政治家であり、ウォーバンアビーの館は訪問客が絶えませんでした。

政治とパーティーはいつの時代も蜜月な関係。

特に党の重鎮であり、のちに党首として首相にまで登り詰めることになるジョン・ラッセルは公爵の実弟だったこともあり、館では政策や派閥が絡む「ハウスパーティー」も頻繁に開催されました。

古くからパーティーは食卓を囲んだ権力闘争の場でもあり、男性社会そのもの。女性が参加できるようになってからも、自由に発言することなど許されない風潮がありました。

それが若きヴィクトリア女王の時代に入ると流れが変わりはじめ、女性が表舞台に立つ機会も増えてきたのです。すると、女性の立場も変化していきます。単に飾りものではなく「知的で教養ある会話」や「洗練されたおもてなしの手腕」というものが求められるようになっていきました。

「天性のおもてなし上手」であったアンナは、公爵が男性ゲストを引き連れ、ハンティングやシューティングに興ずる間、夫人がたをドローイングルーム（女性ゲストがお茶を愉しむための部屋）へ招き入れ、ディナーまでの時間をお茶会でもてなすようになります。

若い頃から上流階級のソサエティで育ち、王室ともつながり社交術を磨いていったアンナは、夫をたてつつも古い因習にとらわれることなく、知的エレガンスを存分に発揮し、存在感を増していきました。

お茶会という社交の場は、政治家の妻としてだけではなく「自分らしさを表現する舞台」でもあったのです。

このアンナがはじめた「午後のお茶会」という新しい文化は、のちに「アフタヌーンティー」と呼ばれるようになります。

アフタヌーンティー発祥の館

英国の紅茶史には、アンナ・マリアの名前とともに、アフタヌーンティー発祥の館「ウォーバンアビー（Woburn Abbey）」、そしてお茶室「ブルー・ドローイングルーム（Blue Drawing Room）」の名が刻まれています。

ヴィクトリア時代の英国貴族たちは、郊外の田園地帯にカントリーハウスと呼ばれる本邸を、ロンドンにタウンハウスと呼ばれる別邸を構え、社交シーズンの春から夏にかけては主にロンドンで、秋から冬にかけてはカントリーハウスで優雅に過ごしていました。

ウォーバンアビーの館は、代々ベッドフォード公爵が所有し、300年以上にわたって守り続けている貴族の館です。

ロンドンから北西方向へドライブすること約1時間。いかにもイギリスらしい田園風景が広がるベッドフォードシャーの道を走り、小さな看板が掲げられたエントランスを抜けてもドライブはひたすら続きます。約3000エーカー（約360万坪）という壮大な敷地の中に、湖や厩舎、ゴルフコー

ス、1000頭もの動物が生息するサファリパークまで点在し、先が見えない並木道を奥へ奥へと進むと、ようやくその先に瀟洒な建物が現れます。

今もなお公爵が暮らす館には、ヴィクトリア女王が滞在したQueen Victoria's Bedroom やDressing Room をはじめ数えきれないほどの部屋がありますが、訪問客のお目当ては何といってもアフタヌーンティー発祥の部屋Blue Drawing Room。

名前通りブルーの壁に囲まれた部屋の中央にそびえ立つのは、華やかな金細工の施された絢爛華麗なマントルピース。その前に置かれたローテーブルにはアンナ・マリアのお茶会を彷彿させるティーセットや、ヴィクトリア女王から贈られたティーポットがセッティングされ、まるでヴィクトリア時代にタイムスリップしたかのようです。

ウォーバンアビーは1950年代から一般公開されるようになり、観光ビジネスにも力を入れてきました。館を見学できるだけではなく、公爵主催の晩餐会や音楽会などのイベントが開かれることもあり、敷地内のティールームではアフタヌーンティーを愉しむこともできました。

現在は大規模改修のためクローズ中。世界中の紅茶好き、アフタヌーンティー好きがリニューアルを待ちわびています。

いつの日かアフタヌーンティーの聖地を旅して、アンナに思いを馳せてみてはいかがでしょうか。

アフタヌーンティーを広めたインフルエンサー

貴族の館で秘め事のようにひっそりとはじめられた「貴婦人の午後のお茶会」は、一部のハイソサエティの中でエスカレートしていきました。

ヴィクトリア時代のレディたちは、従順な「家庭の中の天使（The Angel in the House）」であることが求められ、ちょっと気分転換にお茶でもなどと自由に出歩くことは、あるまじき行為とされていました。

社交としてのお茶会は、彼女たちにとって堂々と外出することができる貴重な時間でもあったわけです。

ヴィクトリア女王

1819-1901

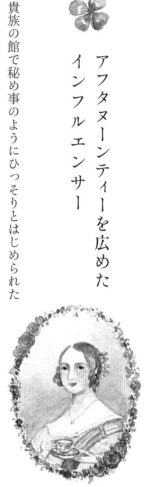

そして19世紀末になると、階級を超えてすべてのイギリス人のライフスタイルに定着し、英国文化として浸透することになります。その流行の裏には、時のインフルエンサー・ヴィクトリア女王の存在がありました。

1837年、18歳という若さで大英帝国の女王として即位したヴィクトリア。21歳で初々しい花嫁となり、夢に満ち溢れた家庭を築いた女王は、誰もが憧れる理想像でした。

SNS時代の21世紀においてもなお、キャサリン妃をはじめとするロイヤルファミリーの暮らしぶりやファッションに注目が集まるように、女王には時のトレンドリーダーとしての役割もあり、多大な影響力があったのです。

その女王が即位した際、部屋付きの女官（a Lady-in-waiting）を務めていたのが、アフタヌーンティーを考案したアンナ・マリア。

宮廷に仕える女官に選ばれることは、英国王室のサークルに所属することを指し、貴族社会においては非常に栄誉なことでした。

女王はアンナに対し「親切で気立てがよく、一緒に居ると心地のよい素敵な女性」と慕っていたといいます。

1841年、ベッドフォード公爵は新婚のヴィクトリア女王とアルバート公をウォーバンアビーの館に招きます。女王夫妻にとっては初となる侍臣邸への滞在、公爵とアンナも心尽くしの準備をして迎えました。

館での滞在中、アンナの「優美な午後のお茶」のおもてなしに感銘を受けた女王は、新婚生活の中にお茶の時間を取り入れるようになります。時にはプライベートなお茶会を開き、女主人として紅茶を振る舞うこともありました。「ヴィクトリア女王が好んだ公爵夫人のお茶会」という評判は瞬く間に貴族のソサエティに広まり、ウォーバンアビーのゲストはさらに増えていきました。

英国王室の伝統や格式を重んじながらも、時代に即した新しい風を吹き込んだ女王は、１８６０年代、王室主催の公式行事の中にも茶会を取り入れるようになります。

簡素で控えめなものを好んだ女王は、晩餐会ほどの経費をかけずに大人数のゲストを招くことができ、それでいて優美さを演出できるティーパーティーを積極的に利用するようになったのです。

こうして女王主催のティーパーティーが公になると、秘密のヴェールに包まれていた「貴婦人の午後のお茶会」という存在が少しずつ解き明かされ、水が流れ落ちるように広まっていきました。

階級ごとに異なるアフタヌーンティー

ミドルクラス

ヴィクトリア時代、イギリスの階級は上流階級（Upper Class）・中産階級（Middle Class）・労働者階級（Working Class）の3層に分かれ、身につける衣服から食事の時間まで、それぞれ異なる生活スタイルが確立していました。

アフタヌーンティーが階級を超えて広まったヴィクトリア時代中期、若く革新的な女王は「ミドルクラスの女王」とも称され、特に女性から圧倒的な支持があり、そのライフスタイルはアイコンそのものでした。

そんな女王から発信されたアフタヌーンティーという新しいカルチャーは、ミドルクラスの女性たちの心を激しく揺さぶりました。

産業革命によって急速に力をつけた新興層ブルジョワジーたちが目指したのは、憧れの貴族さながらの暮らし。手入れの行き届いた庭に面したサロンにティーセットを並べ、貴婦人になった気分で優雅にアフタヌーンティーを愉しむことが、一躍トレンドとなったのです。

このミドルクラスというのは、イギリスの階級の中でも非常に複雑なクラスで、階級内においてもアッパー（上）・ミドル（中）・ロウワー（下）と選別が行われました。

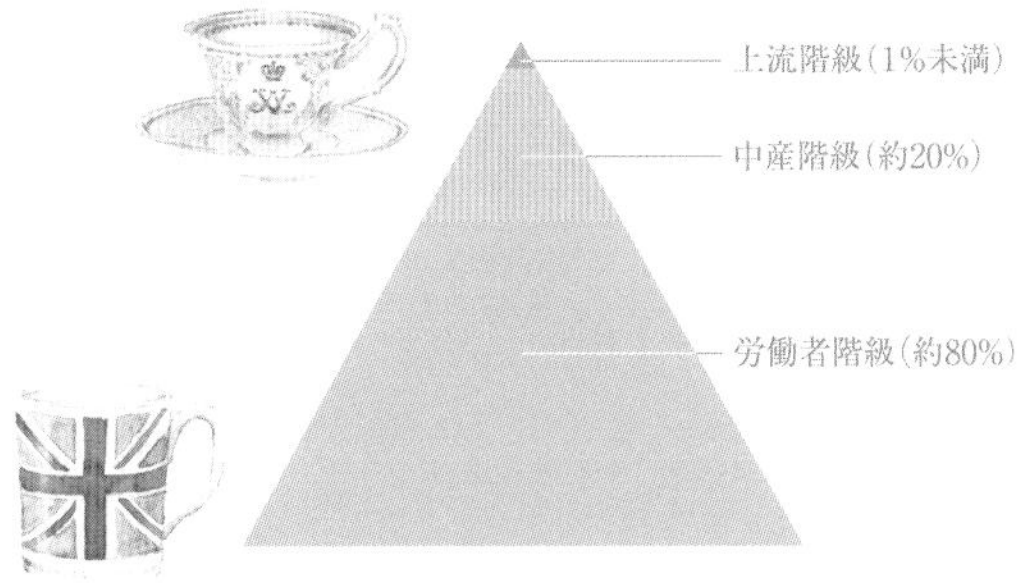

ヴィクトリア時代の階級ピラミッド構造

この時代のイギリスでは、長男子一人のみに爵位と財産を相続させるという限嗣《げんし》相続制から、貴族の家系に生まれたとしても、長男以外の男子は成人すると仕事につき、ミドルクラスへ位置づけられることもあったのです。また、女性は結婚相手によってクラスが変わるというシビアな面がありました。

そのうえ、産業革命によって職業の幅が広がった結果、経済的に成功し新たにミドルクラスの仲間入りを果たす層が出現したり、労働者階級の出身であっても努力次第で上流階級の仲間入りをするような、紅茶王リプトンさながらのブリティッシュ・ドリームも可能だったわけです。

アッパーミドルたちの「自分たちは上流社会の一員というプライド」や、ロウワーミドルたちの「アグレッシブな上昇志向」が渦巻くうえ、貴族のような明確な称号がないことから、階級内でヒエラルキーを格付けしあうような風潮もありました。

さまざまな思惑が入り乱れる中、招待する側もされる側もディナーほど敷居が高くなく、気軽にコミュニティや人脈を広げることができるアフタヌーンティーは、社交の入門としても最適でした。

そこは女主人としての力量が問われる場でもあり、家の設え、おもてなしのセンス、会話術などを含めたトータルの知的洗練度をお披露目する「社交を兼ねた生活発表会」のような側面もあったのです。

そんな中、ミドルクラスの新興層を悩ませたのがマナーです。

貴族の家柄に生まれると、代々受け継がれるマナーや社交術がありましたが、彼女たちはそれを持ち合わせていません。そこで頼りにしたのが、エチケット書や家政本でした。

紅茶の淹れかたから、ティーフーズのレシピ、お茶会にふさわしいマナーや会話の内容、テーブルコーディネートまで、何冊もの書籍を手にしては、胸を

ときめかせながらページをめくり、知識を積み上げていきました。そしてバイブル書を片手に、お茶会社交を繰り広げていったのです。

特にハングリー精神旺盛な女性たちは、毎日のように招き招かれつつポジションを高め、上流階級へつながるコネクションを着々と築いていきました。

アフタヌーンティーは、社交界へのチケットでもあったわけです。

階級ごとに異なるアフタヌーンティー

ワーキングクラス

栄光のヴィクトリア時代、７つの海を支配し、太陽が沈むことのないといわれた大英帝国。ピラミッドの大半を占めていた労働者階級の暮らしにも紅茶がお目見えするようになり、この階級ならではの「午後のお茶時間」が定着します。その裏にはこんなストーリーが隠されていました。

産業革命という繁栄の裏側で「世界の工場」を支える労働者階級の人々の暮らしは悪化の一途を辿っていました。この時代の国民飲料は「水よりも安いお酒」。一日15時間ほどの過酷な労働を強いられ、ストレスから強いお酒に依存

するようになり、アルコール中毒が社会問題として深刻化していきました。

そこで政府は、絶対禁酒運動ティートータル（Teetotal）を打ち出し、協会を設立。ヴィクトリア女王も運動を促進し「お酒の代わりにヴィクトリアンティーを！」と呼びかけをします。

英国国教会もこのスローガンのもと、説教の中で禁酒を説き礼拝堂で紅茶を振る舞うチャペルティードリンカーズや、ティーミーティングと呼ばれる茶話会を開催。ティートータルは全国に広まっていきました。


まず、大きな変化を遂げたのが食生活です。

絶対禁酒運動前は身体を温めるためと早朝からお酒を飲んで工場に向かう人も多く、生産効率の低下や事故という問題も表面化していました。

そこで「アルコールの代わりに紅茶を！」というキャンペーンのもと、仕事に行く前には砂糖とミルクをたっぷりと入れた紅茶と一緒に、カロリーの高い朝食をとることを奨励しました。丸一日働き詰めで、昼食の時間さえもままならない劣悪な環境での労働を強いられていたこともあり、仕事の前にエネルギー源を蓄えておく必要があったのです。

また、ハイティーという習慣も生まれました。

仕事終わりにパブへ直行し、お酒を飲むという悪習慣を断ち切るために、営業時間を規制。Home Sweet Home（おうちが一番！）というスローガンを掲げ、真っ直ぐ家に戻り、ダイニングルームで家族揃って、温かい紅茶とともに早めの夕食をとることを推し進めました。

さらに、工場の労働環境も見直されティーブレイクが導入されるようになると、ヴィクトリア女王の肖像画を眺めながら「自分たちと一緒に、今この時間にお茶を召し上がっている女王様のためにも頑張ろう！」というインセンティブが生まれ生産性も向上、大英帝国の更なる発展へとつながりました。

ヴィクトリア時代後期には、植民地インドでの紅茶栽培も軌道に乗り、一杯の紅茶（A Nice Cup of Tea）はすべての階級に定着し、アルコールに代わって紅茶が「イギリスの国民飲料」の座を獲得しました。

アフタヌーンティーも階級ごとの「お茶会社交の時間」として定着し、朝から晩まで紅茶とともに暮らすイギリス式ティーライフが完成したのです。

英国の階級とティーマナーの関係

ティーマナーが確立されたのは、ヴィクトリア時代後期のこと。

アフタヌーンティーが発祥した当時、貴婦人たちのお茶会は午後5時頃から開かれることが多かったため「Five o'clock Tea」と呼ばれていました。

午後のお茶時間にしては遅いと感じますが、産業革命によるランプの普及によってディナーの時間がどんどん遅くなり、貴族のライフスタイルは夜型へと移行していたのです。

その後、中産階級に広がりを見せると「Four o'clock Tea」4時頃が中心となり、階級を超えるごとに少しずつ時間が早まっていき、1870年代に入ると「アフタヌーンティー（午後のお茶会）」と呼ばれるようになりました。

イギリスの数あるティータイムの中でも、茶道にも似た繊細な約束事があるのはアフタヌーンティーだけ。そこには、貴族のサロン文化とイギリスならではの階級が絡んでいます。

貴族の館から発祥したアフタヌーンティーは、ヴィクトリア時代後期に最盛期を迎え、すべてのイギリス人のライフスタイルに定着していきました。午後3時になると、イギリス中のケトルが鳴り響いたといわれています。

アンナ・マリアが考案した「秘密のお茶会」。

初期の頃は、厳しい約束事などはありませんでした。その優雅な習慣が社交の時間に発展し階級を超えて浸透してくると、ヒエラルキーを保持し差別化をはかるために、ソサエティの中で少しずつ約束事やルールが生み出されるようになります。

こうして囁かれるようになったのが、上流階級における「ヴィクトリアンティールール」です。

＊ティーテーブルは優雅にコーディネートすること
＊ティーはゴールデンルールに基づき正しく淹れること
＊ティーフーズは豪華にたっぷりと用意すること

一見、シンプルにも思える3つのルールですが、行間にはこんな思惑が隠されています。

「アフタヌーンティーというのは、どこまでも優雅に、贅沢に、美しく行うセレモニーなのだから、あなたがたには真似することはできないのよ……」

なんて意地悪！　と思いますが、イギリスは階級社会。貴族には貴族の、庶民には庶民のティーマナーがあり、同じ貴族の中でさえ、マナーによる階級差別が行われていました。

さらに、上流階級の女性にとって、社交は立派な仕事でもあり、アフタヌーンティーは自らのアイデンティティを表現する晴れの場でもありました。

アフタヌーンティーという舞台の主役は、女主人であるマダム。家という歴史や格がひと目で分かる空間にゲストを招き入れ、華やかなティーガウンで登場し、センス溢れる紅茶やティーフーズを振る舞い、知性を感じさせる会話で盛り上げ、おもてなしの力量を発揮する……。まさに生活芸術のセンスを披露する一大イベントです。そして、その洗練度によってソサエティ内の序列が決まるという一面もあって指針となるマナーが重要視されるようになり、作法はどんどん細かくなっていきました。

しかも、貴族社会のヒエラルキーには、政治的な意味合いも含まれていました。

パーティーには「社交のための集まり」のほかに「政党・派閥」という意味があります。貴族の中の爵位という序列だけではなく、政治家の妻という派閥まで絡み、一見優雅なお茶会社交の裏は、権力闘争が見え隠れするダーティーでちょっぴり怖い世界でもあったわけです。

ゆえに貴族の子女たちは、小さな頃からナーサリーティーの時間を通じて、レディとしてのマナーを学び、お嫁入りするまでにはアフタヌーンティーを開催する社交術とマナーを身につけていました。

ここからは、そんな正統派のヴィクトリアンティーの世界をのぞいてみましょう。

アフタヌーンティーと茶道

英国のアフタヌーンティーと日本の茶道。

ふたつのティーセレモニーの根底に流れているのが、共通する茶の精神「Teaism＝ティーイズム」です。

しかも、英国流のアフタヌーンティーは、日本の茶道への憧れからはじまったもの……。そう聞くと、何だか親しみを感じませんか？

茶道はもともと「茶の湯」と呼ばれていたものが、先人たちによって体系化され、崇高な道に磨き上げられたもの。この「道」というのは日本独自の思想で、人としての在りかたや、生きかたという本質を追求するという精神です。

ヨーロッパにお茶がわたると、まず注目されたのは飲み物としての効能でしたが、英国の王侯貴族たちはそれだけにとどまることはありませんでした。日本の茶道の背景にある精神性、たった一杯のお茶を飲むために、茶室を設え、趣向を凝らして道具組をし、心を尽くして客を迎える「おもてなしの心」という側面にも興味を抱いたのです。そして、同時期に入ってきたコーヒーとは対照的に、お茶に上流階級のホスピタリティというエッセンスを加え「英国流のもてなしの文化」へと昇華させたのです。

日本の思想家である岡倉天心《おかくらてんしん》は、そんな茶の背景にある精神性を「Teaism」と表現しました。

アフタヌーンティーと茶道には、茶の精神性に目を向け、コミュニケーションの手段として取り入れ、独自の文化として高めたという点で通じ合うものがあります。

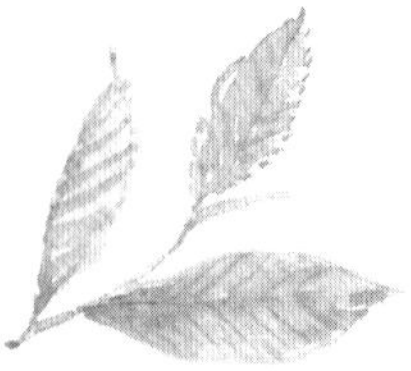

何百年もの時をかけて、同じ島国である英国人と日本人の感性は、茶碗の中で交わってきたのかもしれません。だからこそ、お互いに今もなお惹かれあうのではないでしょうか。

茶道とアフタヌーンティー。

実際にふたつを照らしあわせてみたいと思います。

ティーセレモニーと呼ばれるフォーマルなスタイルは、茶道における「茶《ちゃ》事《じ》」にあたります。

「茶事」とは何でしょう、「茶会」とは違うのでしょうか?

ひと口に、お茶の席といっても実はさまざまな形式や格が存在します。

茶事と茶会は同じような言葉に聞こえますが、実は大きな違いがあります。

「茶事」はいわば、茶道をフルコースで堪能するスタイル。

亭主は案内状をしたため、季節の設えをした茶室に少人数の客を招き入れ、茶懐石・主菓子・濃茶・干菓子・薄茶と、たっぷり二刻（4時間）にかけて行う格式高いおもてなしです。

一方「茶会」はアラカルトの略式スタイル。

薄茶と茶菓子、濃茶と点心など、茶事の一部を切り取り略式化させたもので、多数の客を集めて行われ、大寄せの茶会ともなると何百人も参加することもあるインフォーマルな会です。

英国式のアフタヌーンティーにも、ヴィクトリア時代から同じようにコードの違いがありました。

日本の「茶会」にあたるのは、レセプション風のアフタヌーンティーパーティー。男女問わず何十人、時には何百人ものゲストが招かれ、接待は女主人を中心として夫婦で行い、執事や使用人がアテンドにつき、盛大に開催されました。

紅茶だけではなく、コーヒーやお酒も饗され、食事はビュッフェスタイルで用意され、好きなように動きまわりながら、多くの人と社交を行う場でした。

一方「茶事」にあたるのがフォーマルスタイルのアフタヌーンティーセレモニー。こちらは茶道を彷彿させる、少し堅苦しさを感じるような儀式的な形式でした。

インビテーションカードを用意し、少人数のゲストをドローイングルームへ招き入れ、ウェルカムティーからスタート。ティーフーズにペアリングした紅茶とともに、セイボリーからペイストリーまでコース仕立ての流れに沿って、たっぷりと2〜3時間かけて行う、フルコースの濃密なおもてなしです。

ティーセレモニーのゲストは原則として女性のみ。女主人自らが紅茶やティーフーズを振る舞う贅沢さ……。茶事同様お招きを受けること自体が、そのソサエティに認められた証拠、とても栄誉なことでした。

茶事とティーセレモニー、共通するのは「主客一体」という思いやりの精神です。招く側と招かれる側、双方が一体となって心地のよい時間と空間を作り上げる優美なエンターテイメントともいえます。

日本の茶事と英国のティーセレモニー

茶事

主人が巻紙に直筆した案内状を出し、趣向に沿って設えた茶室に客（正客、次客、三客、お詰め含め５名程度）を招き、心尽くしのおもてなしをします。

正装した主人を中心に客は上座から順番に座り、懐石・主菓子・濃茶・干菓子・薄茶というフルコースの構成で、４時間ほどかけて共に儀式を愉しみます。

ティーセレモニー

マダムが直筆した招待状を出し、テーマに沿ってコーディネートしたドローイングルームにゲスト（第一主賓、第二主賓、第三主賓、コ・ホステス含め５名程度）を招き、ホスピタリティ溢れるおもてなしをします。

ドレスアップしたマダムを中心にゲストは上位席から順番に座り、セイボリー・スコーン・ペイストリーを軸としたフルコースの構成で、２〜３時間ほどかけてセレモニーを共に愉しみます。

アフタヌーンティーの準備

ここからは、ヴィクトリア時代の上流階級におけるアフタヌーンティーが、どのような段取りで行われていたのかを見ていきましょう。

ゲストの選定
Guest Selection

アフタヌーンティーを開くことが決まったら、まずはゲストの選定に入ります。女主人＝マダムは有能な秘書である執事と相談しながら、茶道でいうところの「客組」を考えます。誰を招くか

ということは、茶会の格を左右し、ソサエティを表す重要な位置づけでした。

フォーマルなティーセレモニーの場合、ゲストは5名程度と少人数。初めに第一主賓（お正客《しょうきゃく》）、そしてサポート役コ・ホステス（お詰め）を決め、あらかじめ承諾を得たうえで一緒に招くメンバー（連客）を組んでいきます。

茶道にも「相客に心をつけよ」という言葉がある通り、社交の場であるアフタヌーンティーにおいても、誰と誰とを引きあわせるかというのは、マダムの人脈や力量の見せ所とされていました。

招待状
Invitation

招待状からはじまり、お礼状で終わるのがアフタヌーンティー。ゲストが決まったら、全員に招待状を書きます。

ヴィクトリア時代、レセプションパーティーの招待状は執事が代筆するしきたりでしたが、アフタヌーンティーは特別。日本の茶事の場合も、正式な案内状は亭主が巻紙に毛筆でしたため届けますが、それと一緒。インビテーションカードは、マダム自らが西洋のお習字といわれるカリグラフィーで直筆し、差出人の証としてシーリングワックス（封蠟《ふうろう》）が施されました。

そして正装した執事が、馬車に乗ってゲストに届けたといいます。招待状を受け取るというシチュエーションも演出のひとつ、パーティーはすでにはじまっているのです。

テーマを決める
Party Theme

次に、アフタヌーンティーのテーマ（趣向）を決めます。

お茶会にとってテーマこそが演出の見せ場となります。たとえば、茶事の醍醐味のひとつに「趣向の謎解き」があります。亭主が、室礼や器、茶や茶菓子に仕掛け、託した謎をひとつひとつ解いていくうちに、茶会の趣向や心入れが浮かび上がってくる……。そんなワクワク感がゲストにもたらされます。

それは招待状を受け取ったときからはじまっていて、テーマによっても印象がまるで違うものです。

一方で「亭主七分に客三分」という言葉があるように、実はゲストとしておもてなしを受けること以上に、招く側のマダムは数倍も楽しいもの。

ゲストの喜ぶ顔を思い浮かべながらテーマを決め、お道具を選び、ストーリーを織りなすようにコーディネートしていく。このプロセスにこそマダムのセンスが発揮され、おもてなしの極意が凝縮されているともいえます。

プランニング
Planning

テーマが決まったら、アフタヌーンティーを開く場所、紅茶やティーフーズのメニュー、食器や銀器などのコーディネートから音楽にいたるまで、細かなプランを立てていきます。

19世紀、貴族の館には多くの使用人が仕えていて、準備は総出で行われました。

段取りが決まると、執事は準備が滞りなく進むように総指揮を執ります。

大部分の支度はフットマンやハウスメイドたちに割り振られていましたが、アフタヌーンティーに使用する銀器やグラス、カトラリーは大切な財産。管理や手入れは使用人に任せることなく、執事が責任を持って行っていました。作業部屋であるバトラーズパントリーは、執事部屋と裏でつながった聖域ともいえる場所。いかに重要だったのかがうかがえます。

当日もすべての準備は執事の指示によって行われますが、アフタヌーンティーがはじまると執事は陰の立役者に徹し、マダム一人でおもてなしをするのが流儀でした。

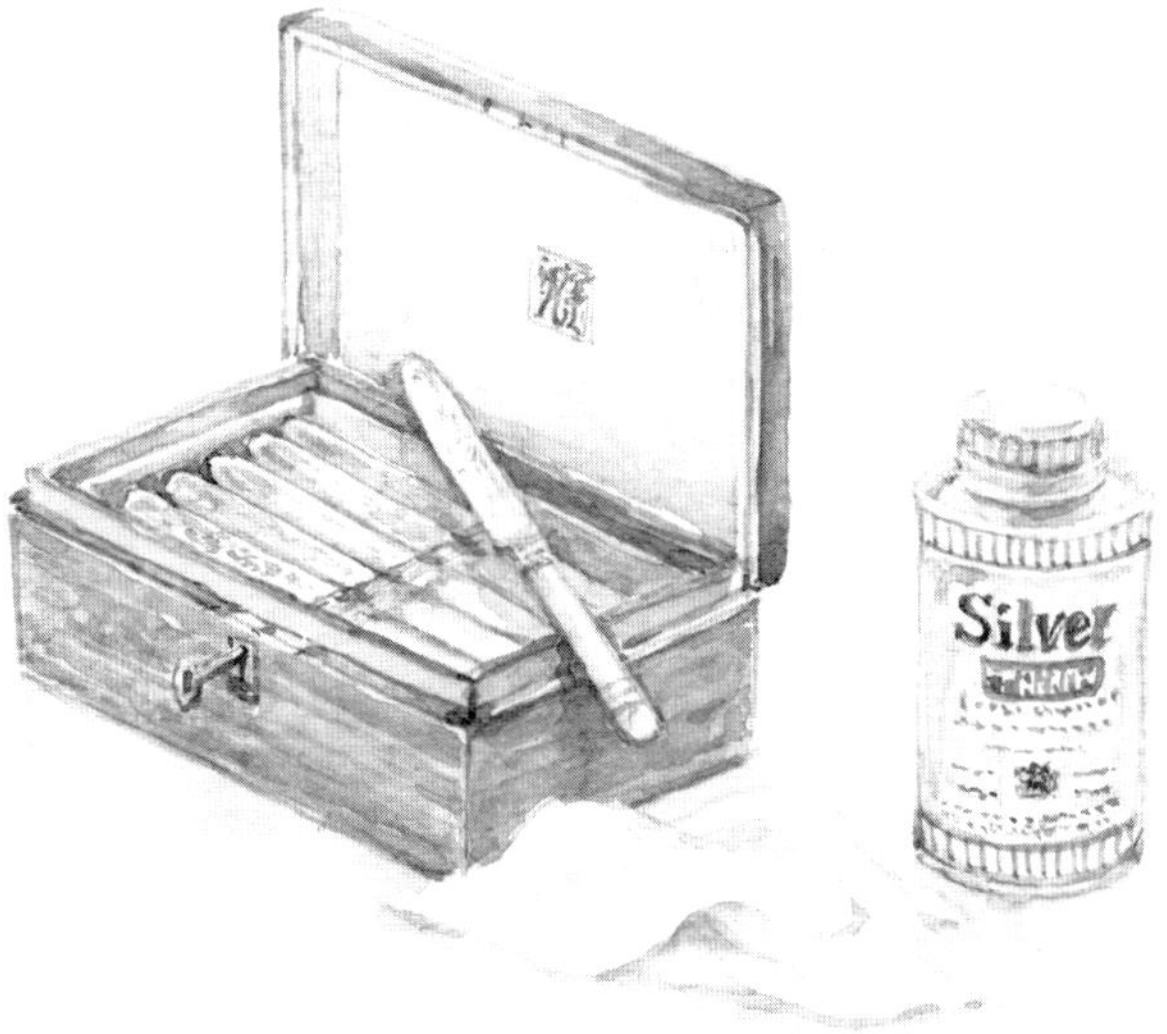

アフタヌーンティーを開く空間
ドローイングルーム

ヴィクトリア時代、上流階級の間では「フォーマルなティーセレモニーはドローイングルームで行う」という約束事がありました。

「Drawing Room」は退出するという意味の「Withdraw」から名づけられた部屋で、もともとはディナーのあとに女性ゲストがお茶を愉しむために作られた場所。正式なディナーの場では、男性が女性をエスコートしてダイニングに入りますが、食後のお茶は男女分かれ、女性はドローイングルームへ移動して、リラックスした時間を過ごす慣習があったのです。そんな空間はまさに、アフタヌーンティーを開く「茶室」としてぴったりというわけです。

それでは「ドローイングルームがない家は、アフタヌーンティーを開く資格がないということ?」そのようにも聞こえますが、ここにもマウント合戦の様相が見え隠れします。

たとえば、アフタヌーンティー発祥の館、ウォーバンアビーには数えきれないほどの部屋があり、ドローイングルームだけでもひとつではありませんでした。アフタヌーンティーがはじめられた部屋は青を基調とした「ブルー・ドローイングルーム」だったことから、その名が残されているのです。

つまり、ドローイングルームは貴族の優雅な暮らしを象徴する空間であり、スペースの限られたミドルクラスにとっては高嶺の花。ダイニングやリビングを優雅なサロン風に演出して、憧れのお茶室代わりにしていたというわけです。

そんな意地悪な……、場所なんて関係ないのでは？　という声が聞こえてきたら思い出してください。「アフタヌーンティーは英国流の茶道」であることを。

極端に例えるとすると、あなたが正午の茶事に招かれたとします。案内状が届き、誂えた着物を身につけ意気揚々とお伺いしたら、ご亭主が出てきて「うちには茶室がありませんもので、茶の間へどうぞ」と通されたら、テンションが下がってしまいませんか？

茶室というのは「もてなしの心」を具現化し、外部との一線を画した聖域ともいえる非日常の空間。それに対し、茶の間やリビングというのは、日常が混在する場所です。

秀吉が「黄金の茶室」にこだわった理由には、己の権力を見せつけ、他者を圧倒するアピールという側面も含まれていたのではないでしょうか。

同じように、英国貴族にとってもドローイングルームという専用のお茶室を構え、その特別な空間を知的なセンスでコーディネートするということは、ステイタスシンボルだったわけです。

ティーセレモニーにゲストをお招きするのなら、テーマにあわせてコーディネートしたドローイングルームで……。貴族たちにとってそれは必然なのかもしれません。

小さな美術館　マントルピース
Mantelpiece

ドローイングルームのコーディネートにおいて、中心となるのがマントルピースです。

日本の茶室に置き換えると「床の間」にあたる存在。室内装飾においてもフォーカルポイントとされる非常に重要な空間です。

イギリスの家には大小かかわらず暖炉が設置されていることが多いのですが、貴族の館の場合はまさに豪華絢爛。昔は専門の職人さんがいて、様式に沿ったデコラティブな装飾レリーフを施し、天井まで高さのあるマントルピースをつくらせていました。日本の床の間に見られる「侘《わ》び寂《さ》びの世界観」とは相反するものの、綺羅《きら》びやかな西洋の芸術品ともいえます。

「日本の床の間」そして「英国のマントルピース」。

どちらも美術品を飾り愛でる小さな美術館。知的センスや教養が表れる空間でもありますが、対極にあるのが美意識です。

日本の美意識にあるのは「不完全の美」。

不足の中に美を見出すという禅芸術に通じるマイナスの美学です。

そのため、床の間も限界まで無駄を削ぎ落とした空間に、趣向を凝らした掛け軸や茶花、香合などをアシンメトリー（左右非対称）に設えます。

一方で、西洋の美意識にあるのが「完全の美」。

完璧で均整がとれた荘厳美麗にこそ美を見出すというプラスの美学です。

そのため、重厚なシェードランプやピラスター（装飾柱）をシンメトリー（左右対称）に配置したうえで、金銀細工やクリスタルなどを重ねあわせ、集めた光を鏡で多方向に拡散反射させ、バランスの良さと複雑さを醸し出します。


そして、フォーマルなアフタヌーンティーは、このマントルピースを囲むようにして、ローテーブルと椅子をセッティングするのが流儀とされました。

ドローイングルームはお食事をする場ではないので、本来ダイニングテーブルはありません。ダイニングで行うティータイムは、ハイティーと呼ばれ、まったく別もの。高いテーブルを使う「ハイティー」に対して、アフタヌーンティーは低いテーブルを使用するため「ローティー」と表現することもあります。

Column 2

アフタヌーンティーとハイティーの違い

「アフタヌーンティー」と「ハイティー」、このふたつはまったく違います。

日本では混同されることもあるどころか、ハイティーの「High」が格上のように捉えられることもありますが、それは間違い。

この「High」は、食事用のハイテーブルや、背もたれのある椅子を意味するハイバックチェアからきています。

19世紀、貴族が愉しむアフタヌーンティーの優雅な習慣とは対照的に、労働者階級から生まれたカジュアルなティータイムの習慣がハイティーです。

ディナーよりも早めの午後5時頃、一日の仕事を終えて帰宅するお父さんを待って、家族で一緒にテーブルを囲み、温かい紅茶と一緒にとる食事スタイルのこと。

メニューに肉料理が含まれることから別名「ミートティー」とも呼ばれました。

近年、進化型ハイティーも登場しています。

イギリスでは、夜のオペラやミュージカルなどの開演前に「軽いハーフディナー」としてシャンパンと一緒に愉しんだり、日本では「夜型アフタヌーンティー」として、セイボリーを中心としたフィンガーフードをスタンドに並べ、フリーフローのアルコールがセットになったメニューも目にするようになりました。

19世紀
優雅なヴィクトリアンティー

貴族の館で開かれるアフタヌーンティー。すべての準備が整い、いよいよ当日を迎えます。

弦楽四重奏の調べが流れるエントランスホール、午後5時近くになるとヴィクトリアンレディたちが集います。ゲストの装いは、帽子と手袋にお茶会専用のドレス＝ティーガウン。帽子と手袋は階級指標の身嗜みであり、ティータイムの間も外すことはありません。

そこに主役であるマダムが、ひときわ優美なティーガウンを身につけて出迎えます。

マダムが身に纏うティーガウンは、この日のためにオーダーしたもの。

ひと目で上質なシルクとわかる光沢の素材が用いられ、一連の所作が美しく見えるようデザインされています。「糸の宝石」とも称えられたレースが肩から袖口にかけてふんだんにあしらわれていますが、ティーサービスの際の邪魔にならないよう、袖は短めに仕立てられています。

家の歴史を物語る肖像画や美術品を愛でながらロングギャラリーをゆっくりと進み案内されるのは、色とりどりのバラが咲き誇るイングリッシュガーデンを見渡すイエロー・ドローイングルーム。窓の外に広がる景色は、どのような風景画にもまさるもの。至高のおもてなしです。

優美なネオ・ロココ調にコーディネートされた部屋の中央にあるマントルピースの前には、花と蝶のモチーフが彫られたファイヤースクリーンが置かれています。

ヴィクトリアンティールールのひとつめ「ティーテーブルは優雅にコーディネートすること」。そのお約束通り、繊細なレースのクロスが掛けられたマホガニーのティーテーブルには、優美な白蝶貝のティーナイフや陶磁器のティーカップが並んでいます。

丁寧に磨き上げられたシルバーのティーセットには名門シルバースミスの刻印。繊細なエングレーヴィングの装飾をよく見ると、竹や鳥のモチーフが描かれています。

これらのテーブルセッティング、そして家具や調度品にも趣向のヒントがちりばめられているのです。

ゲストが揃ったところで、一杯目のウェルカムティーの準備に入ります。ティーサービスは、もちろんマダムの役目。茶道と同じくティーセレモニーの場においてはクライマックスです。

「ようこそいらっしゃいました。中国系とインド系、どちらの紅茶になさいますか?」

マダムが第一主賓にたずねます。

中国系の紅茶はキーマン。17世紀からアッパークラスの象徴とされた「エキゾチックな茶」というイメージとともに、貴族の間で珍重される蘭の香りが漂うという高貴な紅茶です。

インド系の紅茶はダージリン。この頃、植民地のインドで生産がはじまり、紅茶通の間で話題になっているニューフェイスです。

「ティーはゴールデンルールに基づき正しく淹れること」。

ふたつめのルールには、美味しく紅茶を淹れるのはもちろん、所作の美しさも含まれていました。

ゲストを前にして、まるで儀式のようにゆっくりと振る舞い、シルバーのティーキャディから茶葉をポットに移し、バーナー付きケトルからお湯を注ぎ入れます。

これらのお茶道具は実用というよりも「魅せる」ことを意識してつくらせたものです。紅茶を蒸らしている間に、伊万里の小さな六角皿に盛られた拝見用の茶葉がまわってきました。

一杯目のお茶は、第一主賓がリクエストしたキーマン紅茶。

マダムは一人ひとりにお茶の濃さ、お砂糖・ミルクなどの好みを伺い、紅茶を注ぎ入れます。手渡されたカップには草花文様の透かしが入り、刃先が丸い形状のティーナイフのブレードにも、日本を連想させるような扇文の装飾が施されています。

今日のお茶会のテーマは、どうやら「ジャポニズム」のようです。

「どうぞ、温かいうちにお召し上がりください」

マダムからのお声がけに促されて主賓が紅茶に口をつけると、スタートの合図。タイミングを見計らい、ティーフーズが振る舞われます。

一杯目のウェルカムティーのあとには、シルバーのフラットプレートに美しく盛られたキューカンバーサンドイッチ。

そして、二杯目の紅茶と一緒に登場したのは、驚くほど繊細なフィンガーサイズのペイストリー。それぞれ第一主賓、第二主賓と順番にハンドリングしながら取り分けていきます。

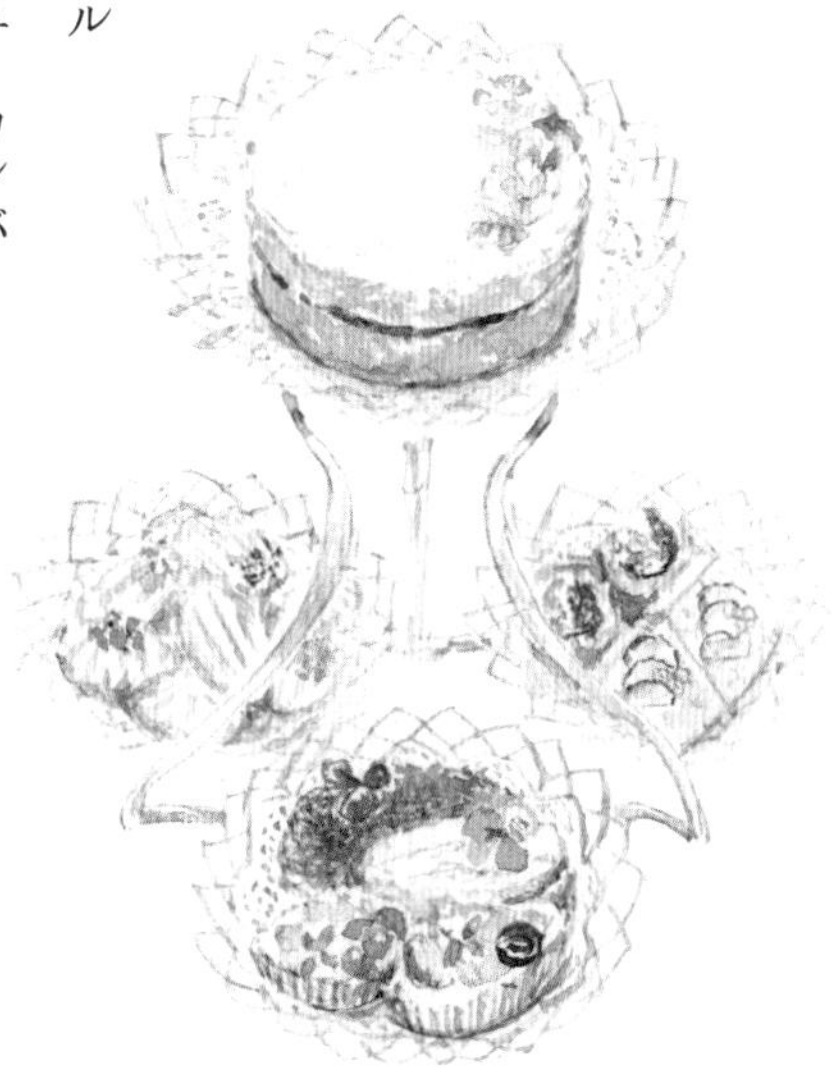

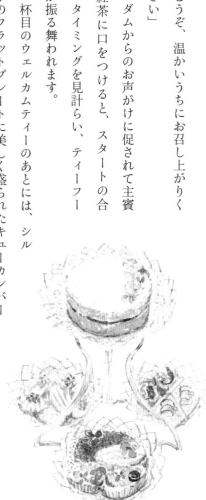

プレートがまわってくるたびに「お屋敷の敷地にはキュウリを育てる温室があるのね……」「フランス人シェフを雇っているのね……」と、お台所事情までもがお見通し。ティーナイフ一本からティーフーズに至るまで、家の格を物語るのが「貴婦人のお茶会」なのです。

三杯目のハウスブレンドティーにあわせて、イパーン（銀器）に並べられていた小菓子がまわってくる頃、マダムからコーディネートについてのお話があります。

茶道でいう拝見問答といったところでしょうか。どのような茶器を選び、どのように設えるのか、すべてマダムの教養に裏づけされた知的センスを表しています。

「最後に濃いめの紅茶でも淹れましょうか？」

気づけばすでに外は真っ暗です。マダムのこの言葉はクロージングのサイン。小菓子を少し残したまま席を立ちます。

ここには、最後のルール「ティーフーズは豪華にたっぷりと用意すること」に対して、食べきれないほどの沢山のおもてなしに感謝しますという意味があるのです。

帰り支度が整うと、マダムは主賓から順番にお見送りをします。そこには、今まで姿が見えなかった執事やフットマンたちも並んでいます。

お礼の言葉を短めに伝えスマートに立ち去り、感謝の気持ちはお礼状にしたためるのが流儀です。

そんな優雅な一日を終え、帰宅したらそこからが大変。「午後のお茶会」は、招かれたら招き返すのが返礼。明日からは、マダムとしての準備に追われる日々がはじまるのですから……。

Column 3

ティーガウンとは？

ヴィクトリア時代、上流階級のレディは一日に何度も着替えるしきたりがあり、時間帯やシチュエーションによって厳格なドレスコードが定められていました。午後になるとモーニングドレスからアフタヌーンドレスに着替えるのですが、コルセットでウエストを締めつけてから重厚なドレスを身に纏いました。

やがてアフタヌーンティーが流行すると、紅茶やお菓子を心ゆくまで愉しめるように、コルセットを排除し、身体を締めつけない、ティータイムに適したファッションが求められるようになりました。

こうして誕生したのが「ティーガウン」と呼ばれるお茶会専用のドレスです。ドレスの素材も、重く固い生地から、軽くて柔らかなシルクやシフォンに変化し、着心地のよいドレスは大流行。贅沢なレースやフリルが施された女性らしく優美なデザインが次々と登場し、当時のファッション業界や女性のライフスタイルにも大きな変革をもたらしました。

アフタヌーンティーに招かれるとティーガウンを身につけ「レディの三種の神器」ともいえる帽子・手袋・パラソルを携えて、馬車に乗り貴族の館へと向かいました。

第2章

アフタヌーンティーを愉しむための教養Lesson

アフタヌーンティーは五感で堪能する生活芸術

アフタヌーンティーの究極の愉しみかたは、紅茶やティーフーズだけにとどまらず、五感を研ぎ澄ませ生活芸術「Art de Vivre」を味わい尽くすことにあります。

アートは美術館や博物館で眺めるだけのものではなく、普段の暮らしの中にこそ息づくもの。目に映るもの、手に触れるもの、味わうもの、何気ない日常の中に散りばめられたArtを愉しむことが生活芸術です。

生活芸術の知識を持ち合わせていなくても、暮らしていくことはできます。けれど、素敵な人生を送るためには欠かせないものでもあります。だからこそ、英国では昔から「教養のひとつ」と位置づけられてきたのです。

日々の暮らしを大切にし、生活の中に用いられる美についても深く学ぶことで、心に潤いやゆとりが生まれ、ティータイムだけではなく日常にも輝きが添えられます。

紅茶を味わうカップ、ティーフーズをいただくカトラリー、家具やファブリックにいたるまで、目で見て美しいと感じるもの、肌で触れて心地よいと思うものに囲まれて過ごすことは、人生を豊かに彩る秘訣でもあります。

ここからは、アフタヌーンティーを愉しむために、これだけは知っておきたい生活芸術の知識を7つのカテゴリーに分けてお話しします。多岐にわたりますので、興味を持った分野から読み進めてみてください。

テーブルコーディネート

アフタヌーンティーは「五感で愉しむ暮らしの中のアート」です。

優美なティーテーブルを愛でるだけでなく、その繊細なエレメントを実際に手にして堪能することも醍醐味のひとつ。

至福のエクスペリエンスともいえる、そんな食卓芸術の世界をのぞいてみましょう。

テーブルコーディネートとは？

テーブルコーディネートという言葉は和製英語で、食器、カトラリー、リネン、フィギュア等のエレメントを組み合わせて食卓を演出することを意味しています。

ベースとなっているテーブルセッティングには「イギリス式」と「フランス式」があり、細かな違いがありますが、プロトコール（国際儀礼）の基準として、食事はフランス式、ティータイムはイギリス式が軸となっています。

現在のイギリス式テーブルセッティングの基本は、長い食卓史を経てヴィクトリア時代に完成したものです。

T（時間）P（場所）O（目的）によってセッティングのルールや設えも変わりますが、清潔で美しく、スムーズな動線になるよう意識しながら食卓を演出していきます。

テーブルコーディネートにおいて最も大切なことは、シーンにあわせてテーブルを構成するエレメントの格を揃え、調和させること。カジュアルからフォーマルまで、それぞれのコードにあわせてコーディネートをすることも食卓芸術の愉しみかたです。

ただし、ルールやテクニックばかりに意識を向けすぎると、単なる見た目だけ美しいディスプレイテーブルに仕上がり、心地よい空間からは離れてしまうものです。

テーブルの主役は、あくまでも人。

テーブルコーディネートは「おもてなしの空間を演出するひとつのツール」であることを忘れずに、素敵に演出してみてください。

ここでは、フォーマルスタイルのアフタヌーンティーを想定して、ドローイングルームのローテーブルで行うセッティングの一例をご紹介します。

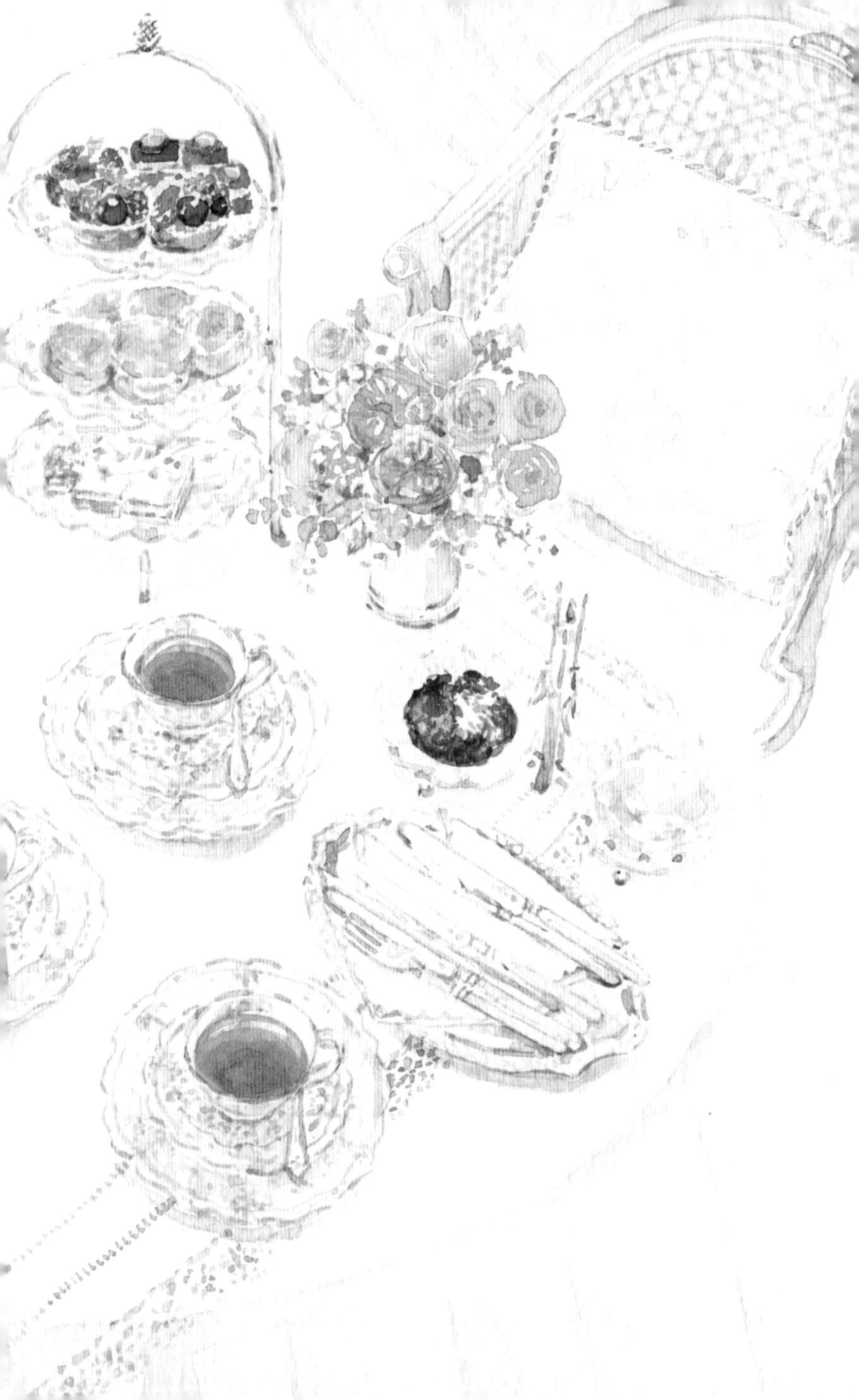

結集した非常に繊細なデザインが多く、コレクターズアイテムとなっています。

ティースプーン　Tea Spoon

ティースプーンは、小さめのスプーンの中で一番大きなサイズのもの。ティー用、コーヒー用、デミタス用とカップにあわせてサイズが小さくなります。

ティーナイフ　Tea Knife

スコーンにジャムやクロテッドクリームを塗る際に使う使用頻度の高いエレメント。専用のティーナイフは刃先が丸い形状をしていますが、小ぶりのデザートナイフでも問題ありません。

ペイストリーフォーク　Pastry Fork

デザートフォークよりもひと回り小ぶりな３本歯のフォーク。左側の歯だけ少し尖った形状になっているものは、ナイフとしての用途も兼ねています。

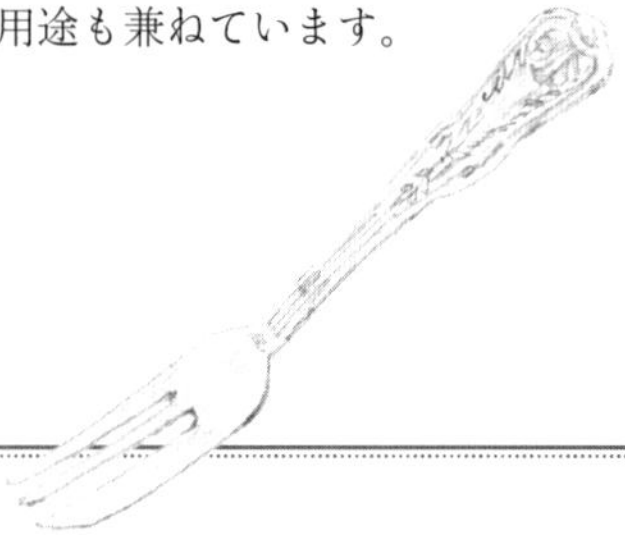

ティーテーブルを彩る
エレメント

ティーサービス　Tea Service

紅茶のおもてなしをするための基本となるセット。ティーポット、クリーマー、シュガーボウル、ここにホットウォータージャグを加えてトレイにまとめるとフォーマルな英国スタイルになります。

ティーストレーナー　Tea Strainer

紅茶を注ぐ際に用いる茶漉し。イギリスのオーソドックスなデザインは、ハンドルがついたタイプが主流です。

ティーキャディ　Tea Caddy

茶葉を保管する茶入れ。18世紀までは木製の鍵付きがステイタスシンボルでしたが、19世紀にはシルバーや陶磁器の優美なデザインが人気となりました。

キャディスプーン　Caddy Spoon

ティーキャディから茶葉を掬うために作られたスプーン。魅せるという要素が大きいため、シルバーの装飾技法を

し、シルバーのティースプーンをハンドルの下に縦置きに添えます。

VII ティーカップ&ソーサーと同じパターンのケーキプレートを重ね、トリオで揃え人数分セットします。

VIII ティーナプキンはテーブルクロスとお揃いか、薄手のピュアリネン素材を用意し、刺繍やレースが施された面が上に来るように三角形に折り、ケーキプレートの上、もしくはカトラリーと一緒に添えます。

IX メニューに応じて、個人用&サービス用のカトラリー、必要なプレートや器をセットします。

X ティーテーブルのお花は、香りが強い花、花粉が飛ぶような花は避け、庭に咲くような可憐な花を集め、小ぶりな花器に設えます。

＊ティアスタンドやイパーンはセンターピースとしてセッティングすることもありますが、マストアイテムではありません。
＊ティーフーズをサービスする際にはメニューにあわせて器をセレクトします。

アフタヌーンティーの
テーブルコーディネート

Formal Style

Image

プランニングの際にはテーマやゲストの構成に沿ってメニューを決め、エレメントを選び、演出するティーテーブルのイメージを膨らませていきます。

Process

Ⅰ ティーテーブルに滑り止めと緩衝用のアンダークロスを敷き、ベースクロスを掛けます。

Ⅱ その上に薄地でエレガントな素材（北アイルランド産のアイリッシュリネンやレース、透け感のあるオーガンジー etc.）のトップクロスを重ね掛けします。

Ⅲ ティーサービスセット（ティーポット、クリーマー、シュガーボウルetc.）は、レースドイリーを敷いたトレイの上にセットします。

Ⅳ その脇に紅茶を淹れるために必要な茶道具（ティーキャディ、ティーケトル、ティーストレーナー etc.）を並べます。

Ⅴ ティーカップ＆ソーサーは、エレガントな花柄や金彩が施された磁器・ボーンチャイナなどをテーマにあわせてセレクトし、カップとソーサーの間に小さめのレースドイリーを敷きます。

Ⅵ ティーカップのハンドルは右側に向けセット

Lesson 2

ティータイムのリネンとレース

アフタヌーンティーにおいて「上質なレースやリネンをふんだんに用いたお茶会は、最高の贅沢」とされています。

なぜなら、消耗品であるリネン類は豊かな暮らしの象徴。昔から銀器と並んで大切なお嫁入り道具だったからです。

貴族の館では女の子が誕生すると、フラックス（麻の原料となる植物）の種を蒔き、何年もかけて育てあげ、糸を紡ぎ生地を織りあげ、一生分のリネンに仕立てて持たせたといいます。

本来リネンは麻を意味する言葉ですが、テーブルコーディネートにおいてはクロスやナプキンといった布類の総称を指します。

上質なレースやリネンはティーテーブルの品格を左右し、おもてなしの気持ちと敬意を表す大切なエレメントなのです。

テーブルクロス

Table Cloth

ティーテーブルをコーディネートするクロスは、ディナーに用いるような重厚な織物ではなく、エレガントで薄地の素材が好まれます。

アフタヌーンティーの際には、無地のベースクロスを敷いてからトップクロスを重ね掛けすることで、クラシカルなスタイルを演出できます。

このベースクロスのサイズでテーブルイメージが大きく変わるもの。

フォーマルなシーンでは、テーブル全体を覆い床まで垂れるフルクロスにすることで、非常に重厚感が醸し出されます。

カジュアルなシーンでは、テーブルトップから30～50センチ程度、座った際に膝が隠れる長さを想定します。

ベースクロスを敷くことでトップクロスを引きたたせる役割もあります。

トップクロスには、刺繍やカットワークが施された薄手のリネンや、レース、オーガンジーなど繊細なデザインのものを用います。

カジュアルな場合は綿や化繊が活躍します。

また、ベースクロスの下にはアンダークロスを敷くこともゲストへの配慮のひとつ。

別名「サイレントクロス」とも呼ばれ、ゲストの目には入らない地味な存在ながら、防音・緩衝・滑り止めなどの大切な役割があります。

ティーナプキン

Tea Napkin

ナプキンは用途によってサイズの基準に違いがあります。

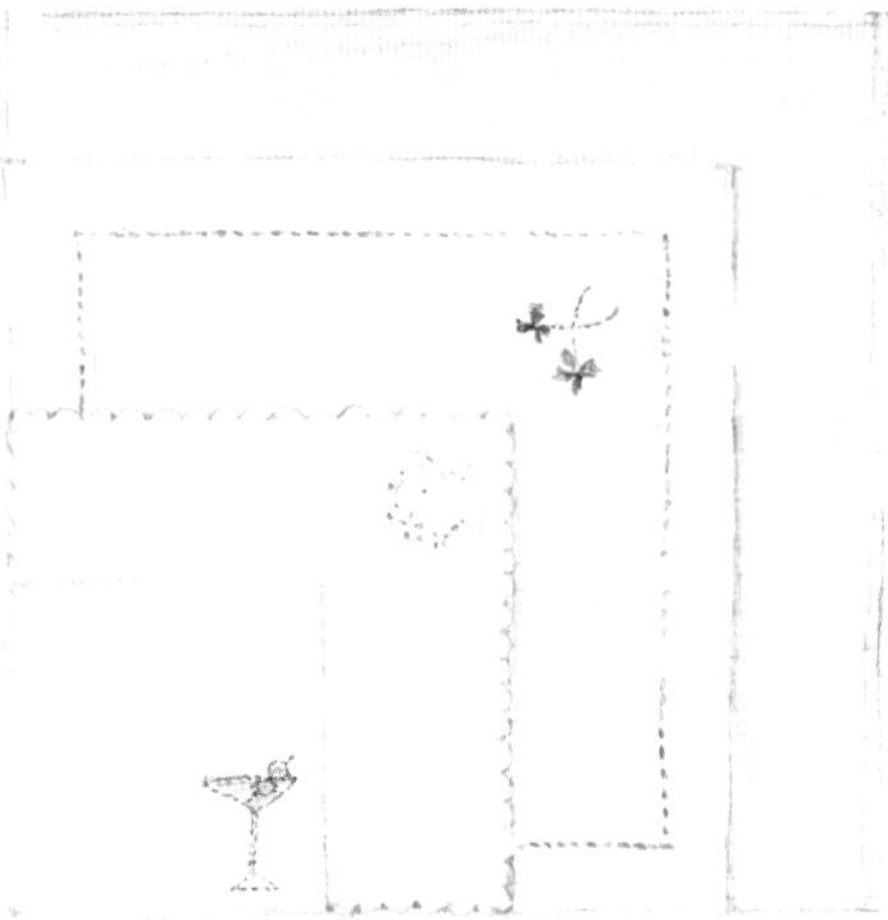

＊ディナー（50センチ角前後）
＊ランチ　（40センチ角前後）
＊ティー　（30センチ角前後）
＊カクテル（15センチ角前後）

素材に関しては、麻はフォーマル、綿はセミフォーマル、化繊やペーパーはカジュアルと格づけされます。

ティーナプキンはテーブルクロスとお揃いで誂えることもありますが、必ずしも共布である必要はありません。

イギリスのアッパークラスが好むのは、北アイルランド産の繊細な麻１００％のアイリッシュリネンに刺繍が施されたもの。独特の気品と光沢は最高の敬意となります。

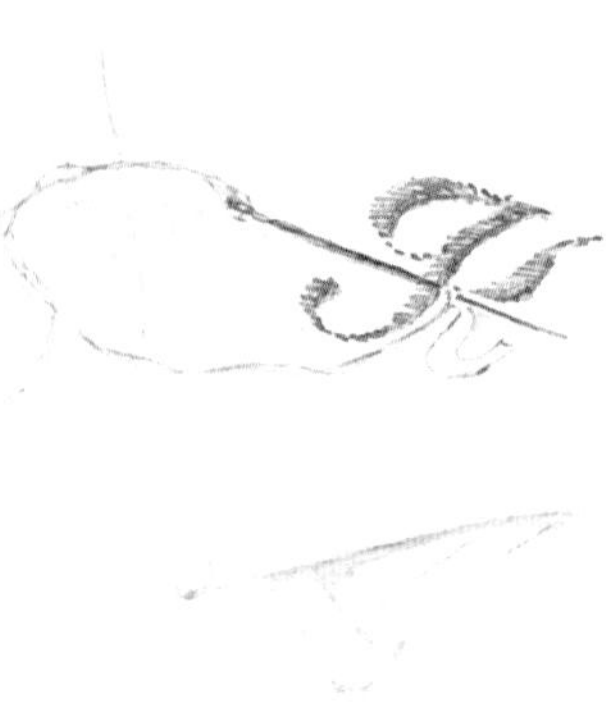

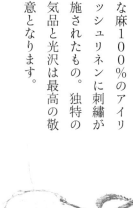

プレイスマット
Place Mat

英国スタイルのテーブルコーディネートでは、プレイスマットを用いるシーンも多く見られます。日本では「ランチョンマット」と呼ばれカジュアルなイメージがありますが、イギリスではフォーマルにも通用するエレメントです。

上質なマホガニーやオークなどの木材のテーブルは、時が経つほど風合いが増し、深みが醸し出されるもの。磨き込まれた表面のパティナ（古艶）は、いわばファミリーヒストリーでもあるわけです。それを隠してしまうのはもったいないということで、テーブルクロスをカットしたマットが登場したのです。

用途によって、
＊ディナー（縦32×横45センチ前後）
＊ランチョン（縦30×横40センチ前後）
＊ティー（縦20×横30センチ前後）
とサイズが異なり、素材も麻・綿・レースなど多様です。

アフタヌーンティーの際にも、小ぶりなティーマットを用いてコーディネートするのもエレガント。ただし、セッティングする際にはクロスの上ではなく、テーブルトップに直接敷くのが正式な使いかたです。

レースドイリー
Lace Doily

ドイリーはトレイやプレートにのせて使う小ぶりな敷物のことで、ラグジュアリーなアフタヌーンティーにはレースドイリーが多用されます。

特に、繊細なハンドメイドレースは「糸の宝石」と呼ばれ、ベルギーの美しい伝統工芸フランドルレースをはじめ、イタリアのブラーノレース、イギリスのアイリッシュレースやノッティンガムレースなど、芸術品のようなレースはお茶の時間を華やかに演出してくれます。

レース専門店には、大小さまざまなサイズのドイリーがセットになったものがあります。

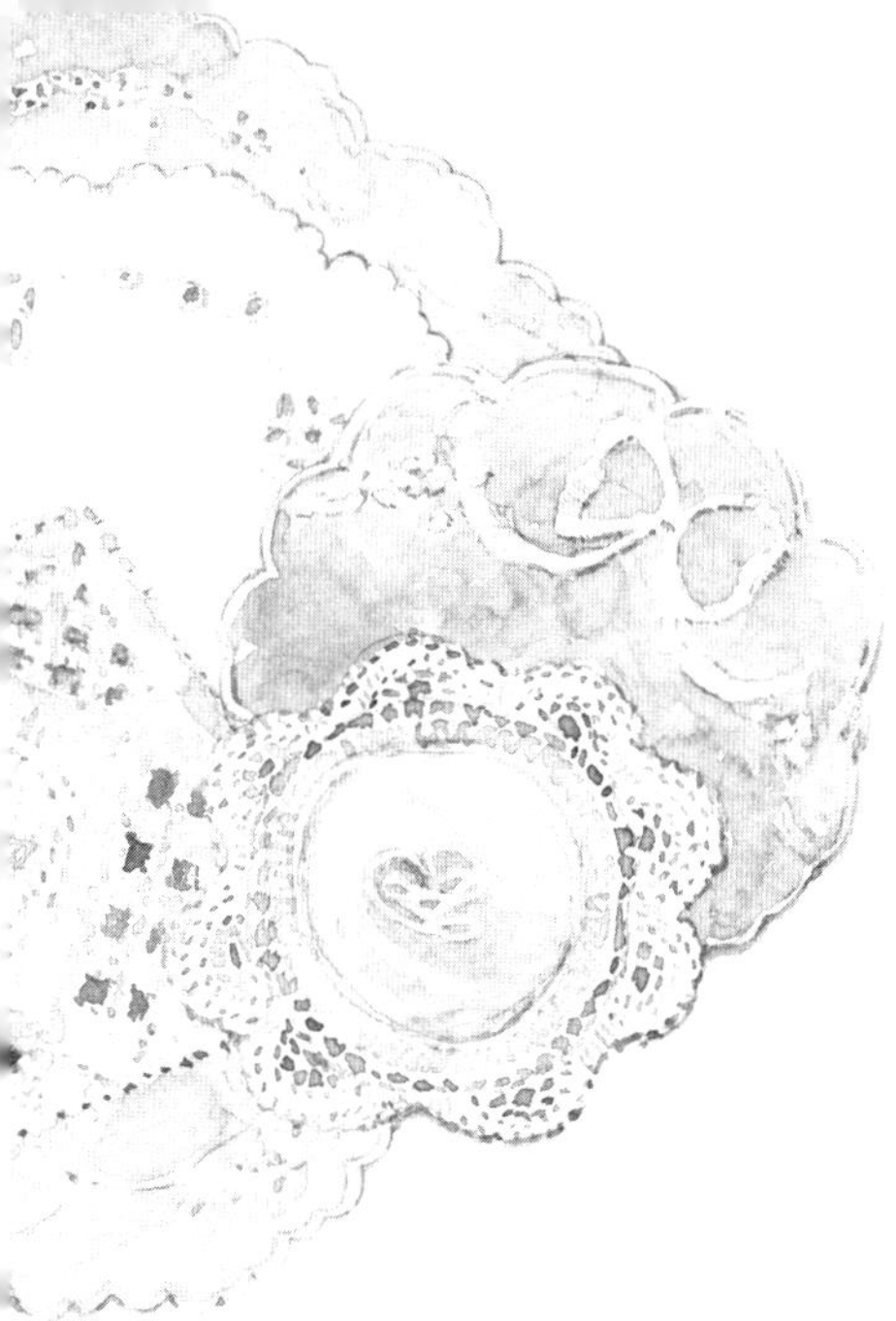

大きなサイズは、ティーサービスセットをのせるトレイや、ティーフーズを盛りつけるサービスプレートに。少し小さめのサイズは、カトラリーをのせるミニトレイや、ゲストがハンドリングする器に添えるプレートに敷きます。

一番小さなサイズは、ティーカップ＆ソーサー用。カップのサイズにあわせた繊細なハンドメイドレースを添えると品格が上がります。

このレースドイリー、装飾のほかに実用も兼ねています。

アンダークロスと同じように、食器やカトラリーなどのあたりを柔らかくするほか、音を和らげたり、滑り止めとしての効果もあります。

最近では機械編みレースの技術も進歩し、気軽に楽しめるようになりました。ＴＰＯにあわせて取り入れてみてください。

Lesson 3 陶磁器

至福のティータイムの主役ともいえるティーカップ&ソーサー。

いかにも西洋らしいエレメントですが、ルーツを辿ると、お茶とともに中国から運ばれてきた小さな茶器からはじまります。

東洋から発信され、西洋で育まれた紅茶文化とティーカップが繋いできたメッセージを感じとってみてください。

東洋への憧れと魅惑の磁器

大航海時代、お茶とともにティーロードをわたってヨーロッパへともたらされたのが中国の茶道具でした。古くから使われていた茶碗や小皿が、船の安定を保つためのバラストとして積み込まれたのです。

当時のヨーロッパには磁器焼成の技術はなく、純白で透けるような磁器を初めて目にした王侯貴族たちは、その幽玄の美にたちまち魅了されたといいます。

特に、繊細な磁器と貴重なお茶の組み合わせはエキゾチシズムの象徴となり、中国の景徳鎮や日本の伊万里は「東洋の白い金」と称され、宝飾品のように扱われました。

実際に金銀に匹敵する価値で取引され、その人気から相場が狂騰。現在の価格で考えるとカップ1客が100万円ほどになり、運搬中に欠けてしまった破片にさえ値がつけられました。当然、偽物も出回るようになります。

次第にコレクターたちは「自分の手で磁器を作りたい」という願望を抱くようになりました。そんな中、磁器焼成法の鍵となるカオリン（Kaolin）という鉱石に辿り着き、技法の解明に一番乗りしたのが、ドイツ・マイセンのアウグスト強王でした。

王は製造法を国家最高機密と位置づけ、陶工たちを幽閉状態にしますが、スパイによって盗み出され、次々とヨーロッパ中の国々へと拡散することになります。

そして18世紀に入ると、東洋磁器の模写から離れ、西洋独自のセンスを活かしたデザインやシェイプが製作されるようになっていったのです。

紅茶の国
英国製ティーカップの誕生

イギリスはマイセンからはじまった磁器焼成のトレンドに乗ることができませんでした。

なぜなら、島国イギリスはヨーロッパ大陸と地質が異なり、磁器焼成に欠かせない良質のカオリンが採掘できなかったため、代替素材を用いた開発を模索するほかなかったのです。

そして1748年、ダービー窯の前身となるボウ窯で、ボーンアッシュ Bone ash（動物の骨灰）を加え焼成するというユニークな技法の軟質磁器が誕生しました。

イギリスでは、磁器のことを中国からやってきた焼き物という意味でチャイナ china と呼んでいたことから、原料のボーン bone と組み合わせて「ボーンチャイナ」と名づけられ、英国陶磁器産業の代名詞に成長することになります。

その後、スポード窯が改良を重ね、動物の中でも牛の骨灰を使い、配合の割合を高めることで、透明感の高い高品質な白磁「ファインボーンチャイナ」を完成させました。

ここから大躍進が始まります。

一歩遅れをとっていたイギリスで独創的な技術が開花した背景には、大きな理由がありました。

当時、ヨーロッパの名窯の多くは王立窯で、磁器製造にも王の意向が強く反映されました。それに対してイギリスの窯業は民間中心に発展したため、自由競争原理が働き、急速な発展を遂げることになるのです。

産業革命に乗り、スポード、ウエッジウッド、ドルトンなど、英国王室御用達ロイヤルワラントという栄誉を授かる名窯には世界中からオーダーが入るようになり、イギリスは磁器の輸入国から輸出国へと変貌を遂げたのです。

そしてもうひとつ、イギリスならではの強みも関係しています。

すでにお茶会文化が定着していたイギリスでは、茶器に関して圧倒的なノウハウを持ち合わせていました。そのため、ティータイムにふさわしい華麗なティーカップをはじめとして、お茶会に必要なエレメントを次々と生み出すことができたのです。

カオリンを主原料とした硬質磁器と比べ、ボーンチャイナは柔らかな質感とあたたかみのあるクリーム色が特徴。この白磁の色とタッチが、まさに紅茶を飲むティーカップには最適だったことは、偶然ではなく必然だったのかもしれません。

陶磁器の種類

陶磁器と総称される焼き物は、使用する原料や焼成温度によって「土器」「炻器」「陶器」「磁器」に分類されます。

土器　Earthenware

主な原料：粘土
焼成温度：1000度以下
特　　徴：釉薬をかけない素焼きの原始的な焼き物で、吸水性が高く、厚みがあります。
茶器の例　クリ（インドのチャイを飲む器）

炻器《せっき》　Stoneware

主な原料：粘土
焼成温度：1100〜1300度
特　　徴：陶器と磁器の中間的な性質を持ちます。素地が不透明で吸水性が低く、焼締めとも呼ばれます。
茶器の例　ジャスパー（ウエッジウッド）

陶器　Pottery

主な原料：陶石、粘土など
焼成温度：800〜1300度
特　　徴：厚みがあり柔らかく、あたたかみがある風合い。吸水性があり、叩くと鈍い音がします。
茶器の例　アジアティックフェザンツ（バーレイ）

磁器　Porcelain

主な原料：カオリン、珪石、長石など
焼成温度：1100〜1500度
特　　徴：薄くて硬く繊細な風合い。吸水性はなく、叩くと澄んだ音がします。さらにカオリンの含有や焼成温度により硬質／軟質に分類されます。
茶器の例　硬質磁器　ブルーオニオン（マイセン）
軟質磁器　ワイルドストロベリー（ウエッジウッド）

S. & F.
LONDON
AND
PARIS.
ENGLISH CHINA WARE.
S. & F.
LONDON
AND
PARIS.
No. 8979
No. 8980
No. 8981
No. 8982
No. 8983
No. 8984
No. 8985
No. 8986
No. 8987
No. 8988
No. 8989
No. 8990
No. 8991
No. 8992
No. 8993

ヴィクトリア時代のカタログ

トリオの変遷

陶磁器の用語で「トリオ（Trio）」といえば、カップ＆ソーサーとプレートという３つのエレメント構成を指します。このトリオという概念は時代によって変わります。

18世紀、ハンドルつきとハンドルなしの茶器に、同じ容量の深皿１枚がセットになったトリオが誕生しました。

19世紀に入ると、紅茶用とコーヒー用のシェイプが確立され、１枚のソーサーに対してティーカップとコーヒーカップという組み合わせが流行します。このスリーピースは「トゥルートリオ（True Trio）」とも呼ばれています。

ヴィクトリア時代、アフタヌーンティーの流行にともない、ティーカップ＆ソーサーにお揃いのプレートがついた３点がセットとなり、華やかなデザインのトリオがテーブルを彩りました。

ティーカップに
ハンドルがついたのはいつ頃？

17世紀初頭、ティーカップにはハンドルどころかソーサーもついていませんでした。

小さな中国製の茶碗で緑茶を喫していましたが、薄くハンドルのない磁器は熱くて持ちにくいものでした。

そこで目をつけたのが、一緒に送られてきた小皿です。本来は木の実や果物などの茶菓を入れるための皿でしたが、それを茶碗の下に敷くようになり、ティーボウル（茶碗）とソーサー（小皿）がセットになりました。

18世紀に入り、トレンドの変化にともないお茶の発酵が進み抽出温度も高くなると、熱くて持ちにくいという問題が再浮上。それを解消するために、1730年頃からハンドルがつけられるようになったのです。

お茶会では、ハンドルのない茶器はグリーンティー用、ハンドルつきはブラックティー用と使い分けることも流行しました。

イギリス版の染付　ブルー＆ホワイト

王侯貴族たちの間に沸き起こった磁器コレクションブーム。中には、部屋全体を磁器で覆い尽くす「磁器の間」づくりに傾倒し、磁器病「Porcelain Sickness」の異名を取る王も出現しました。

そんな磁器コレクターたちの間で伊万里と並び寵愛されたのが、白地に青い文様が描かれた染付です。人気のあまり、薄く焼いた陶器で模倣品を作り、東洋磁器と偽って高値で売りつける悪徳商人もいました。

その後、東洋の絵柄をそのまま模写するのではなく、英国陶工たちが思い描く神秘的な異国のイメージを表現した英国独自のブルー＆ホワイトが誕生。

今もなお世界中のコレクターたちに愛され続けています。

英国製ブルー＆ホワイトの代表的なパターン

ウィローパターン

山水画モチーフの中に中国を舞台とした悲恋の物語が隠されたパターン。1780年頃にミントン窯から発信されブームに。

アジアティックフェザンツ

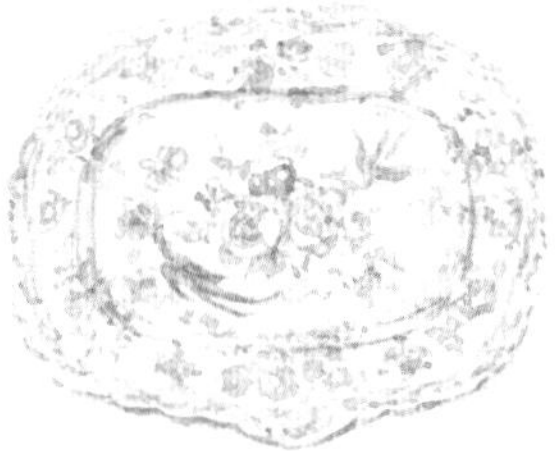

高麗キジと牡丹を描いた優しい絵柄が特徴。ヴィクトリア時代に最も流行したパターンのひとつ。

マイカップブーム

お茶を飲むための茶器が非常に貴重だった時代、お茶会に招かれると、ゲストがティーカップを持参することもありました。大切な茶碗を仕覆（茶道で茶道具を入れる袋）で包むかのごとく、小さな茶器をリネンで覆い包み、茶会へ出向いたといいます。

フルオーダーの絵柄の中でも珍重されたのが、自分の顔を描かせたポートレートカップ。

ティーテーブルの上に置くと、誰のカップなのか一目瞭然ですし、もしも誰かが持ち出すようなことがあっても、所有者は明確というわけです。

ティーカップに秘められたStory

アフタヌーンティーの愉しみのひとつが「茶器を愛でる」こと。素敵なティーカップで紅茶をいただくひとときは、まさに至福の時間といえます。

特に、イギリスでは「陶磁器もインテリアの一部」と考えられていて、ティーカップという小さな世界の中にも、沢山のストーリーが織り込まれています。

おもてなしのコーディネートを考える際には、これらの背景を踏まえたうえで、テーマにあわせてセレクトすることが大切です。

ゆえに、フォーマルなアフタヌーンティーでは茶道の拝見問答のように「なぜ、この茶器を選んだのか」というプロセスを語る時間もあるのです。

もちろん、ゲスト側にも「客力」が必要。マダムのセンスを読み解く審眼美と教養があってこそ、生活芸術を堪能できるというわけです。

今まで何気なく目にしていたティーカップでも、裏に隠されたストーリーを辿ることで、愛情がますます深まっていくのではないでしょうか。

Column 4

ロスチャイルド家とヴィクトリア女王のStory

名門ロスチャイルド家のガーデンパーティーでの出来事。

ゲストとして招かれたヴィクトリア女王は、途中で身につけてきたはずのネックレスがなくなっていることに気づきます。

女官が探しはじめたところ、一本の木の枝にひっかかっているのを発見しました。

すると女王は「まぁ、小鳥さんたちのいたずらだったのね」と穏やかにその場をおさめました。

女王も愛用した名窯のカップに描かれている小鳥がネックレスをついばむ姿の裏には、女王の温かなお人柄が見え隠れするエピソードが刻まれています。

ティータイムを彩る陶磁器のセレクト

アフタヌーンティーの際にコーディネートの仕上げとなる食器の選びかたやポイントをご紹介します。

トリオ Trio

ティーカップ&ソーサーにプレートをプラスしたトリオ（次ページ参照）をセットで揃えるとフォーマルな英国スタイルになります。

デザイン Design

アフタヌーンティーの食器はディナーセットのテイストとは異なり、エレガントで華やかな絵柄が施された、女性的でフェミニンなデザインが好まれます。

パターン Pattern

フォーマルスタイルの場合、食器はお揃いのパターンで統一します。カジュアルな場合は、ゲストのイメージにあわせて異なる絵柄を組み合わせてコーディネートしても。

揃えかた Number of Choice

和食器は5客1組という奇数セットになっていることがありますが、洋食器は偶数で揃えていきます。おもてなし用には同じパターンのトリオを6セット用意しておくとベスト。

トリオを選ぶ際のポイント

色　Colour

紅茶やティーフーズを引きたたせるために、カップやプレートの内側はシンプルで白磁の美しいものがおすすめ。特に紅茶の水色は、素地の色味によって変わります。

形　Shape

ティーカップは浅めで口が広く、ハンドルの持ちやすいものを。ケーキプレートは深みがなく、フラットリムがおすすめ。

素材　Material

ティータイムのシーンにあわせて、陶器・磁器・ボーンチャイナと使い分けをすることでコーディネートの幅も広がります。特にカップは素材によって口当たりが異なる点を考慮してセレクトします。

Lesson 4

優雅な銀器の世界

"Born with a silver spoon in your mouth."

「銀のスプーンをくわえて生まれる」

このフレーズは、代々銀器を継承するような裕福な家に生まれたという意味を持ちます。

イギリスでは銀＝富の象徴なのです。

銀は自然界に存在する鉱物（元素記号Ag）でルーツを辿ると古く紀元前まで遡り、古代エジプトの壁画や王の墓からも発見されています。

銀の持つ月光のような美しい輝きには神秘の力が宿ると信じられ、魔除けや幸運のお守りとして受け継がれてきたのです。

また、銀の抗菌作用や毒に反応すると変色するという性質が広く知られていたため、古くからヨーロッパの王侯貴族たちは毒殺を防ぐために、食事の際に銀の食器やカトラリーを愛用していました。

アフタヌーンティーの品格を左右するシルバーの世界をのぞいてみましょう。

シルバーの種類

スターリングシルバー（純銀）

Sterling Silver

銀素材は柔らかすぎて実用には不向きのため、純銀といっても純度100%ではなく、硬い金属を混ぜることで硬度を高めています。

純度は国によって違いますが、イギリスでは92.5%の純度をスターリングシルバーと定め、ホールマークが刻印されています。残りの7.5%は主に銅が使われています。

シルバープレート（銀メッキ）

Silver Plated

ニッケルシルバー（銅・ニッケル・亜鉛などの合金）の表面に純銀を施したものがシルバープレート。EPNS（Electro Plated Nickel Silver）やEP（Electro Plated）などの表記や刻印があります。純銀のコーティングの厚みはミクロン単位（1/1000ミリメートル）で、工房やメーカーによって違い、質感も大きく変わります。

優雅なアンティークシルバーの世界

テーブルを華やかに彩るシルバーの中でも、アフタヌーンティーのために製作された銀器は、息をのむほど可憐で美しいアイテムが沢山あります。手にとってみると、用の美はもちろん、魅せるということを意識して作らせたオートクチュールシルバーの奥深さを肌で感じることができます。

時を越えて受け継がれてきた華麗なアンティークシルバー、そこに刻み込まれた歴史や物語に思いを馳せてみてください。

ヴィクトリア時代のフォーマルなアフタヌーンティーでは、ティーフーズはサービス用のトレイやバスケットに盛られてハンドリングされました。流行にともない多彩な器が登場するようになると、際立って珍重されたのがイパーンです。王侯貴族たちの晩餐会のテーブルを彩るエレメントだったイパーンは、その優美さからティーテーブルにも用いられるようになったのです。

宝石のようなプティフールが盛りつけられたイパーンから、ゆらゆらと揺れるミニバスケットがはずされボンボンが振る舞われると、ゲストたちから歓声が沸き起こる……。そんなシーンが目に浮かびます。

Epergne
Tea Kettle
Biscuit Warmer
Biscuit Barrel

ヴィクトリアンのティーサービス

ヴィクトリア時代のアフタヌーンティーを華麗に彩ったのが、純銀製ティーサービス。銀職人たちは技巧を磨き、茶道具を芸術品の域にまで押し上げました。

トレイの上に並ぶティーポット、シュガーボウルとクリーマー、ホットウォータージャグ。ここにティーケトルやコーヒーポットまで加われば、絢爛豪華なパーフェクトティーサービスの完成です。

ティーケトル

18世紀、ケトルに代わってティーアーンが流行しましたが（48ページ参照）、紅茶通たちの間で、ケトルで沸かしたお湯のほうが紅茶には適しているとされ、ヴィクトリア時代に人気が復活しました。

特にバーナースタンドつき銀製スピリットケトルは特別な存在感を演出するエレメントです。

ヴィクトリア時代のカタログ

Column 5

クリスニングセット

イギリスでは、中世チューダー朝の頃から、赤ちゃんが生まれると銀のスプーンを贈る習慣がありました。流行の感染症から子どもを守るために、抗菌作用のある銀を使うことが推奨されたのです。

特に、キリスト教の洗礼命名式クリスニング（Christening）のギフトとして、イエスの12人の使徒の姿＝アポストルを装飾に施したスプーンが人気でした。

その後スプーンのほかに、ナイフ、フォーク、カップ、ナプキンリングなどが専用ケースに入れられた「クリスニングセット」も登場しました。

現在でも、洗礼式のあとのクリスニングティーパーティーでは「一生食べものに困りませんように」と祈り、シルバーのクリスニングカップやスプーンで紅茶を口に含ませる真似をします。

日本のお食い初めと同じく、子どもの健やかな成長を願うのは、万国共通のようです。

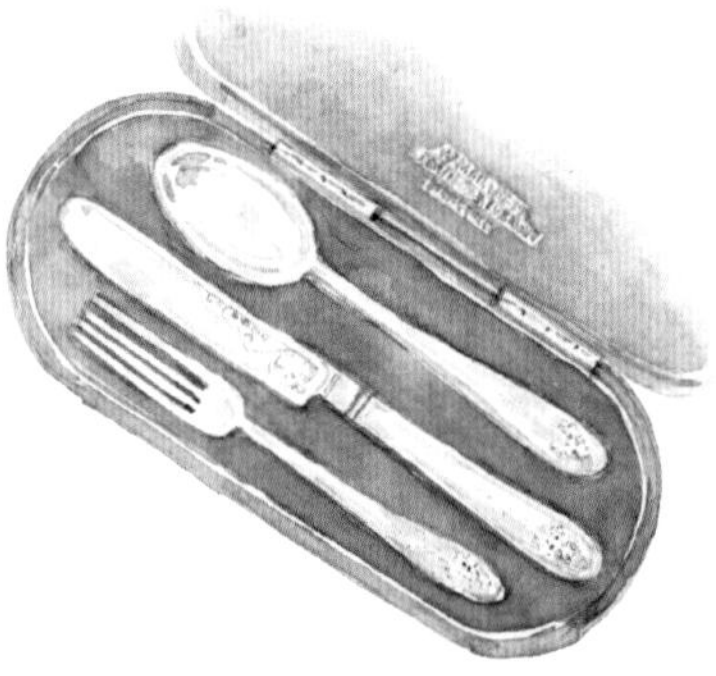

ビスケットのための銀器

アフタヌーンティーに登場するビスケットは「ティービスケット」と呼ばれ、区別されました。

特に上流階級に好まれたのはプティフールという名のついた小さく繊細なビスケット。真っ白でキメ細かな小麦は大変貴重だったため、焼き色をつけずに仕上げた口溶けのよいティービスケットは、最高のおもてなしでした。

その贅沢なビスケットのために可憐なビスケットホルダーやビスケットバーレルなど、専用の銀器が次々と誕生したのです。

中でもヴィクトリアンを象徴する銀器のひとつがビスケットウォーマー。もともとは、屋外で行うピクニックティーやガーデンティーの際に、ビスケットやスコーンを入れて持ち運び、ゲストの前で振る舞う特別な銀器でした。

複雑なバネ式構造はシルバープレート技術を活かした品。ダブルフォールディングの外蓋を開くと、ピアッシング細工が施された内蓋が現れ、つまみを持ち上げて内蓋を固定するという複雑な仕組みにも驚かされるサプライズシルバーです。

フルーツのための銀器

上流階級のアフタヌーンティーでは、フレッシュなフルーツが添えられることがありました。色とりどりのベリーや珍しい南国のフルーツを用意できることは、庭にオランジェリー（温室）があることを示すステイタスシンボルだったのです。

果物を盛るフルーツディッシュやぶどうをカットするグレープシザーズ。ベリースプーンやジャムスプーン。繊細なシルバーの数々は、銀職人の洗練されたセンスと高い技術力が結集された工藝品です。

ティーフーズのための銀器

ヴィクトリア時代、フォーマルなアフタヌーンティーのティーフーズはフィンガーサイズに作り、銀の器に盛りつけてハンドリングしていました。

初期の頃は、サンドイッチは専用のトレイ、クランペットやマフィンはウォーマー付きの銀器、ペイストリーはスウィングハンドルのケーキバスケットなどが使われ、流行にともないイパーンやシルバースタンドなど、ゲストの目を楽しませるさまざまなエレメントが登場しました。

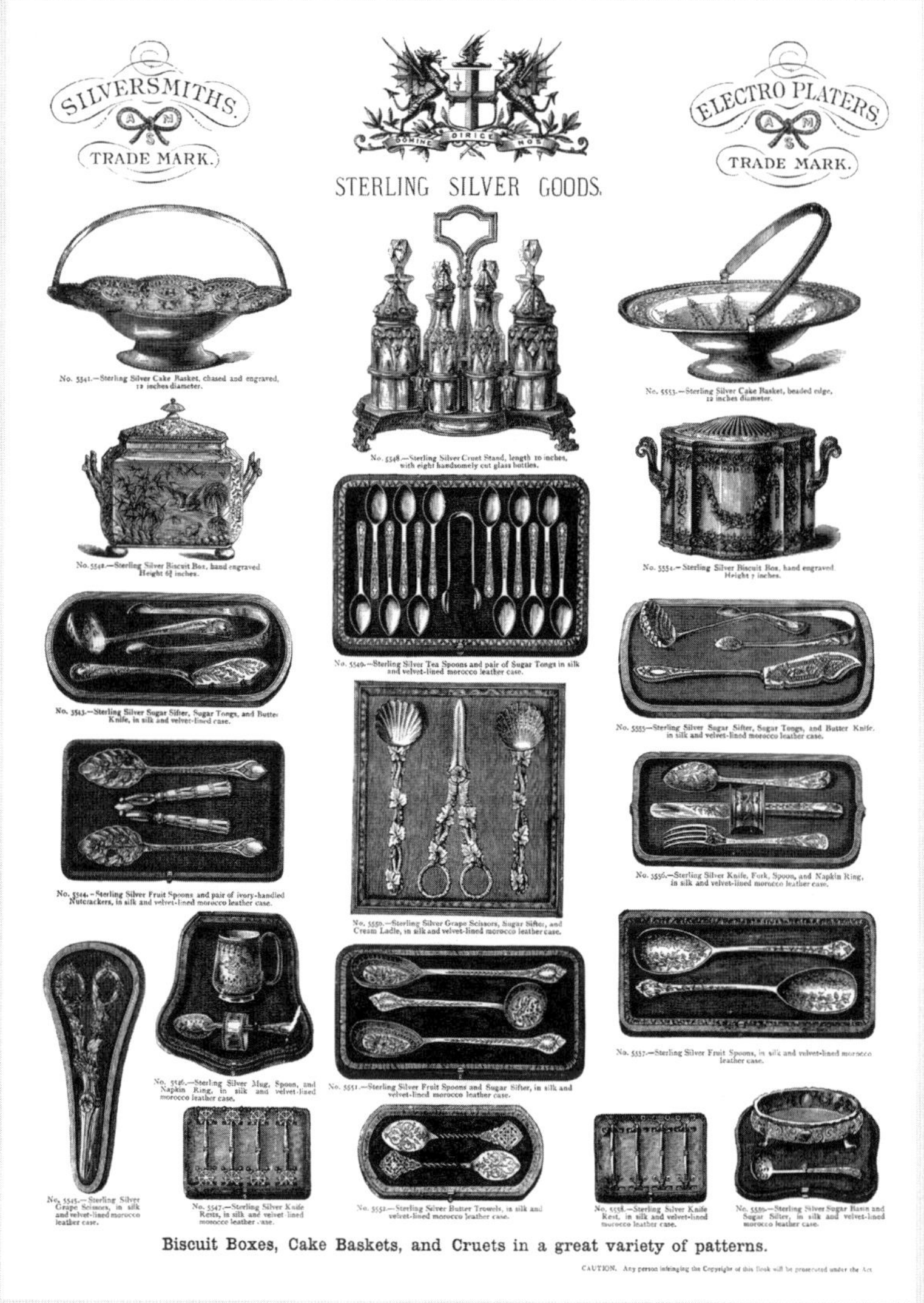
SILVERSMITHS.
TRADE MARK.
DOMINE DIRIGE NOS
STERLING SILVER GOODS.
ELECTRO PLATERS.
TRADE MARK.
No. 5541.—Sterling Silver Cake Basket, chased and engraved, 12 inches diameter.
No. 5548.—Sterling Silver Cruet Stand, length 10 inches, with eight handsomely cut glass bottles.
No. 5553.—Sterling Silver Cake Basket, beaded edge, 12 inches diameter.
No. 5542.—Sterling Silver Biscuit Box, hand engraved. Height 6¾ inches.
No. 5549.—Sterling Silver Tea Spoons and pair of Sugar Tongs in silk and velvet-lined morocco leather case.
No. 5554.—Sterling Silver Biscuit Box, hand engraved. Height 7 inches.
No. 5543.—Sterling Silver Sugar Sifter, Sugar Tongs, and Butter Knife, in silk and velvet-lined case.
No. 5555.—Sterling Silver Sugar Sifter, Sugar Tongs, and Butter Knife, in silk and velvet-lined morocco leather case.
No. 5544.—Sterling Silver Fruit Spoons and pair of ivory-handled Nutcrackers, in silk and velvet-lined morocco leather case.
No. 5550.—Sterling Silver Grape Scissors, Sugar Sifter, and Cream Ladle, in silk and velvet-lined morocco leather case.
No. 5556.—Sterling Silver Knife, Fork, Spoon, and Napkin Ring, in silk and velvet-lined morocco leather case.
No. 5546.—Sterling Silver Mug, Spoon, and Napkin Ring, in silk and velvet-lined morocco leather case.
No. 5551.—Sterling Silver Fruit Spoons and Sugar Sifter, in silk and velvet-lined morocco leather case.
No. 5557.—Sterling Silver Fruit Spoons, in silk and velvet-lined morocco leather case.
No. 5545.—Sterling Silver Grape Scissors, in silk and velvet-lined morocco leather case.
No. 5547.—Sterling Silver Knife Rests, in silk and velvet-lined morocco leather case.
No. 5552.—Sterling Silver Butter Trowels, in silk and velvet-lined morocco leather case.
No. 5558.—Sterling Silver Knife Rest, in silk and velvet-lined morocco leather case.
No. 5559.—Sterling Silver Sugar Basin and Sugar Sifter, in silk and velvet-lined morocco leather case.
Biscuit Boxes, Cake Baskets, and Cruets in a great variety of patterns.
CAUTION. Any person infringing the Copyright of this Book will be prosecuted under the Act.

ヴィクトリア時代のカタログ

英国貴族とシルバーの関係

なぜ、アフタヌーンティーに銀器が欠かせないのでしょうか?

それは、どちらも貴族が育てた文化だからです。ここでは、英国貴族にシルバーが愛された理由を3つ挙げていきます。

ひとつめに資産的な価値。

銀は普遍的な価値を持つ有形財産です。イギリスの通貨は「スターリング・ポンド(Pound Sterling)」。特に純銀は有事の際には換金が可能な安全資産となります。

ふたつめに実用的な価値。

イギリス人にとってカトラリーは日本でいう箸と一緒です。和食をいただくとき、漆とプラスチックでは口にしたときの口当たりが異なり、味にも違いが出るもの。同じように銀には独特のタッチがあり、この柔らかさを一度覚えてしまうと、ステンレスなどのほかの金属には戻れないほどです。

最後に芸術的な価値。

銀そのものに素材の美があるうえ、柔らかさから繊細な細工が施しやすく、紋章やイニシャル、様式の意匠も取り入れ、美術品のようなエレメントを生み出すことができます。

このような理由から、銀は代々継承されるステイタスシンボルとして、ヴィクトリア時代のアフタヌーンティーに華麗な彩りを添える存在になったのです。

デザートナイフ&ティーナイフ

Dessert Knife & Tea Knife

アンティークシルバーの世界で格別な輝きを放つデザートセット。英国貴族たちがディナーのあとのデザートを楽しむために作られた贅沢なカトラリーです。優美な細工が施されたナイフとフォークがセットになり、鍵付きのBoxに整然と並ぶ姿は美しい宝飾品のようです。

19世紀、デザートナイフはアフタヌーンティーの時間にも用いられるようになります。その後、流行にともない刃先に丸みを持たせたティーナイフも製作されるようになりました。

貴族の館では、シルバーは上級使用人が厳重に管理していました。ただし、白蝶貝のデザートセットやアイボリーのティーナイフは、マダムが自室へ持ち込み、宝石類と一緒に保管することもありました。

宝石箱のような蓋を開けると、優雅なレディたちの会話が聞こえてくるようです。

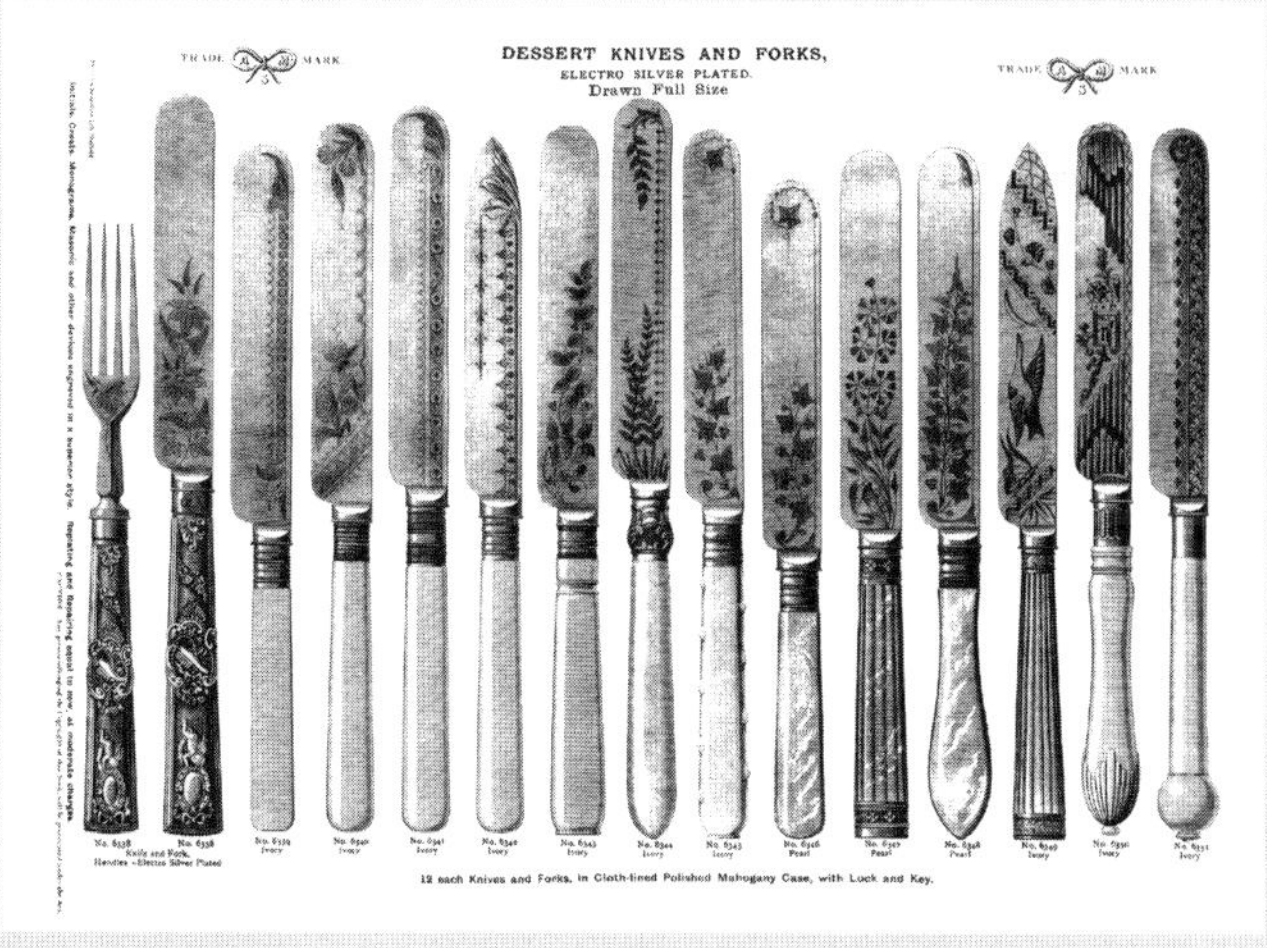

ヴィクトリア時代のカタログ

ミドルクラスの銀とアフタヌーンティーの関係

アフタヌーンティーを開くには、沢山の銀器が必要です。

貴族には代々継承されてきた銀器がありますが、一代で財を成したミドルクラスは持ち合わせていません。憧れの貴族的なアフタヌーンティーを行うためには、純銀で茶道具を揃えることが理想ですが、それは無茶な話。それでも、ティーテーブルを素敵なシルバーウェアで華やかにコーディネートしたい……。そんな夢を叶えてくれたのが、シルバープレートです。

純銀が貴族を象徴する文化だとすれば、シルバープレートはミドルクラスが育てた文化。メッキと侮ってはいけません。実は、プレート技術が向上したことで、銀器の世界はより洗練され、アフタヌーンティーのブームを加速させる要因にもなっているのですから。

英国で銀メッキの技術が大きく進歩したのは18世紀。

純銀をローラーで薄いシート状に伸ばし、銅板に密着させる「オールドシェフィールドプレート」と呼ばれる技法が開発されました。

ヴィクトリア時代に入ると、さらに画期的な電気メッキ製法が誕生します。

1840年、バーミンガムのエルキントン社が、電気分解によって製品全体を純銀で覆う技術を開発し特許を取得します。この革新的な製法により、遠目では純銀のようにも見えるクオリティーの高い製品が、半分以下の価格で手に入るようになったのです。

当初、シルバープレートは「あくまでも純銀の代替品」という位置づけでしたが、フランスのナポレオン3世がクリストフル社のメッキ製品を公式の晩餐会で使用したことや、ヴィクトリア女王から

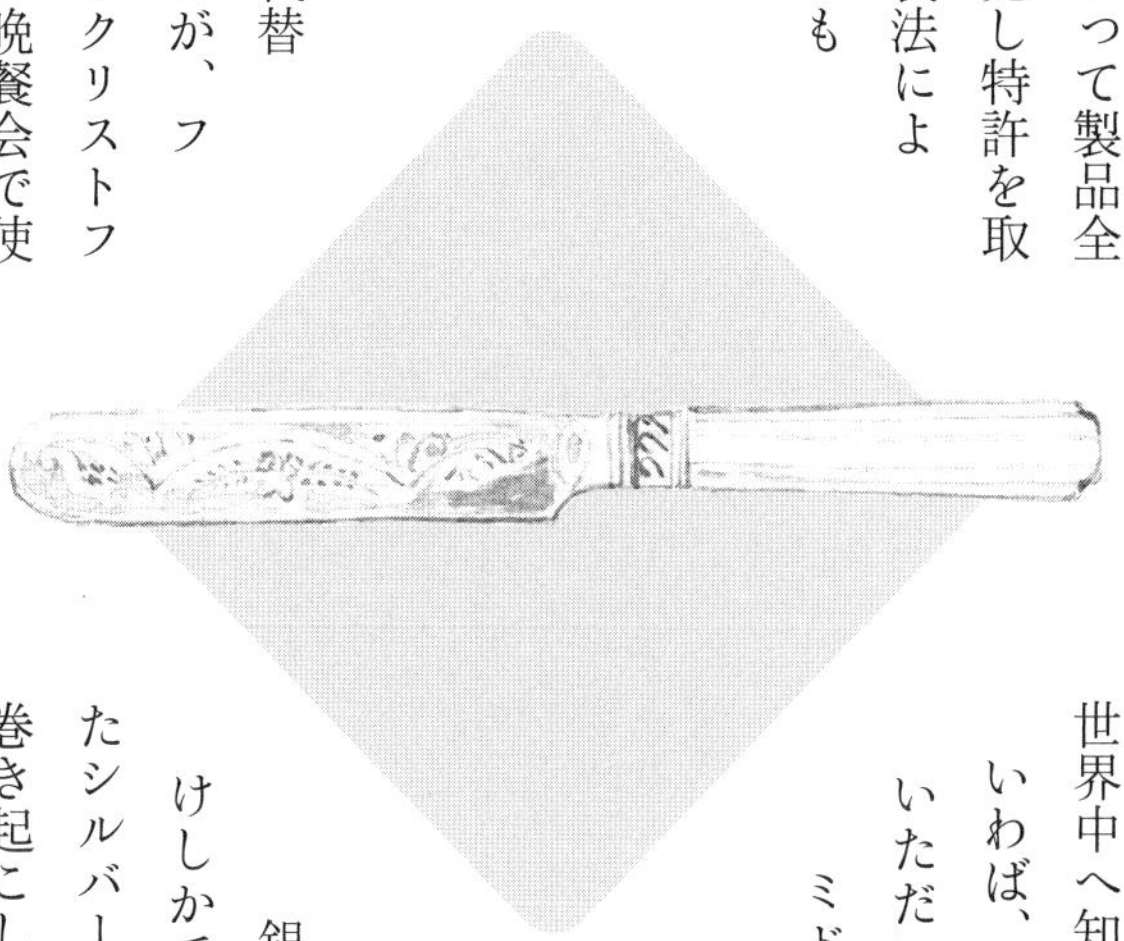

もオーダーが入ったという話が広まり、世界中へ知れ渡るようになりました。いわば、王侯貴族からもお墨付きをいただいたシルバープレートは、ミドルクラスから熱狂的に受け入れられました。そして、銀メッキならではの特性を活かしたアイテムも急速に増えていきました。

銀メッキの登場は、貴族だけしか手にすることができなかったシルバーの世界にイノベーションを巻き起こしたといえます。

銀の国・イギリスの証 ホールマーク制度

イギリスが「銀の国」と呼ばれる背景には、シルバーの文化を築いたこと、そして銀の信用性の高さがあります。その信頼の証がホールマーク制度です。

純銀の純度は、国際標準化機構では1000分の925、835、800という区分があります。つまり、規格に基づくと純度80％でも純銀ということになります。

イギリスでは、中世の時代からその純度を厳格に定め、国が品質を徹底して管理したうえで、ホールマークという刻印を押して保証してきました。

その制度こそ、世界中からイギリスの銀が信頼されている理由です。

イギリスのホールマークの歴史は古く14世紀に遡ります。

銀は昔から貨幣として流通していましたが、国や時代によって、さまざまな純度が存在していました。中には純度の低い銀や、怪しい混ぜものをした銀も出回っていたといいます。

取引に使う銀の純度は信用にもつながり、そのまま貨幣価値に直結します。

そこでエドワード1世の時代に法令が制定されたのです。ホールマークの由来は、その検査・刻印が行われていた場所「Goldsmiths' Hall」からきています。

英国銀器のホールマークを読み解く

イギリス製の銀器をよく見ると、刻印が打たれていることに気づきます。

このホールマークは非常にシステマチックで、銀の純度を保証するとともに、その銀器が「いつ」「どこで」「誰によって」作られたのかがひと目でわかるしくみになっています。

アンティークシルバーを購入する場合には、歴史的位置づけを知る手掛かりにもなりますので、刻印の読みかたを簡単にご紹介します。

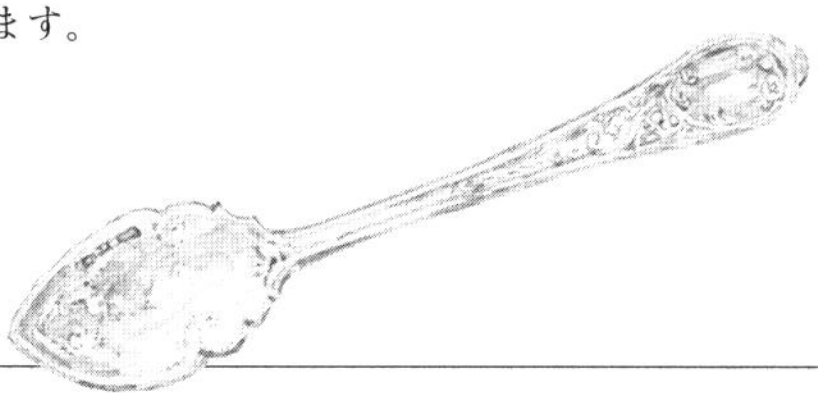

スタンダードマーク Standard Mark

純度刻印
ライオンパサント（横向きの歩くライオン）は法定純度92.5％を保証するマーク。

アセイマーク Assay Mark

産地刻印
検査を実施したアセイオフィスの場所を示すマーク。

デイトレター Date Letter

年号刻印
検査を実施した年号を示すマーク。

メーカーズマーク Maker's Mark

製作者・工房刻印
銀器を製作した職人や工房を示すマーク。

デューティーマーク Duty Mark

徴税刻印
納税を示すマーク（1784～1890年に実施）。

アンティークと様式

紅茶やアフタヌーンティーへの興味から、足を踏み入れるかたも多いアンティークの世界。

特にティータイムや紅茶まわりのアンティークは、その時代の歴史や物語が鮮明に刻み込まれ、現代にはない独特の風格と魅力を持ち合わせています。

銀器・陶磁器・ガラス・リネン・家具……古き良き英国をさまざまな角度から眺めていきましょう。

そもそも「アンティーク」とは、何でしょうか？

アンティーク（Antique）という言葉の語源はラテン語の「古いもの」からきています。

18世紀、イギリスの上流階級の間で古代ギリシャ・ローマの発掘品ブームが沸き起こり、古い時代のものの中でも、希少性が高い古美術や骨董品などを指す言葉でした。

現在、アンティークの定義としては、GATT（関税及び貿易に関する一般協定）の「製作後100年以上経過したもの」という基準が一般的に広まっていますが、これはあくまでも法律上の取り決め。

イギリスのアンティークフェアやショップをまわっていると、100年ルールのような厳密な縛りはなく、1930〜40年代のものも「アンティーク」と位置づけられています。

それ以降に作られたものは「ヴィンテージ」や「コレクタブル」などと呼ぶことが多く、アイテムによっても解釈が異なります。

そんなアンティークに触れるうえで、知っておくとより深く楽しめるのが「様式」です。

日本語にするとむずかしく感じますが、簡潔にいうと「その時代に流行したスタイルの総称」のこと。

いつの時代も、生活の端々にまで流行があります。イギリスでは、建築、家具や調度品、銀器や食器にいたるまで、その時代を統治していた君主の趣味嗜好が強く反映されるため、王や女王の名が様式名として使われています。たとえば、王様と女王様の時代では明らかに傾向が変わります。様式美は、その時代を映し出す鏡でもあり、生活芸術のベースとなるものです。

ここでは、ティータイムのアンティークを気軽に愉しむための4つの様式をご紹介します。

イギリスの様式

女王アン	1702-1714年	クイーン・アン様式	
ジョージ1世	1714-1727年	ジョージアン様式	
ジョージ2世	1727-1760年		
ジョージ3世	1760-1820年		
ジョージ4世	1820-1830年		
女王ヴィクトリア	1837-1901年	ヴィクトリアン様式	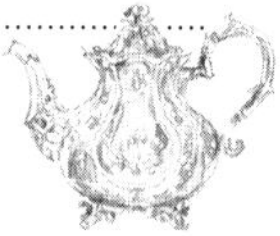
エドワード7世	1901-1910年	エドワーディアン様式	

＊年号は在位期間

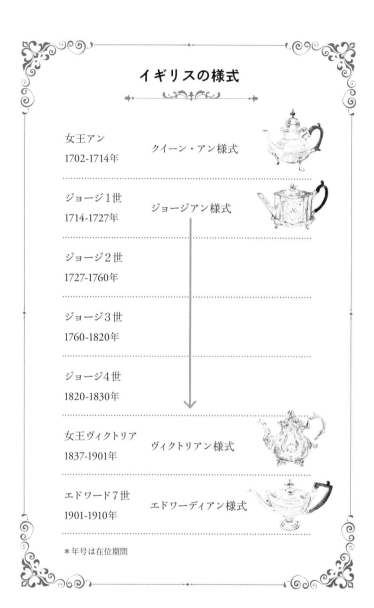

クイーン・アン様式　Queen Anne Style

1702-1714

アン女王が統治した時代に流行したスタイル。

「ドリンキング・クイーン」と呼ばれたアンは、家具やお茶道具のデザインにも大きな影響を与えました。

中世の時代、家具調度品といえば豪華絢爛で大ぶりなものでしたが、アンは華美なものを好まず、威厳よりも快適さや座り心地といった実用美を重んじました。

そして、ロココをシンプルに表現した優美で緩やかな曲線とシノワズリーを融合させたスタイルを生み出しました。

クラシカルなクイーン・アン様式は、世界中で300年以上にわたり愛され続けています。

クイーン・アン様式のティーポット

シンプルなデザインながら可憐な曲線美のフォルムが特徴の洋梨形のシェイプ。

ジョージアン様式　Georgian Style

1714-1830

ジョージ１世から４世まで、100年以上にわたり４人の王が統治した時代のスタイル。

古代遺跡の発掘により、ギリシャやローマ時代の古典芸術をリバイバルさせたネオ・クラシック（新古典様式）がヨーロッパ中で流行します。

イギリスでも、建築、家具、銀器に古典的な意匠が取り入れられるようになり、均整のとれたシンメトリーと直線ラインを活かした端正で美しいデザインが基調となりました。

特にシルバーの世界では、フランス革命によってイギリスへわたった銀職人たちによって、華麗なエレメントが次々と作り出されました。

イギリスならではの知的さが漂うシンプルエレガントなジョージアンシルバーは今も多くの人々を魅了しています。

ジョージアン様式のティーポット

端正でシャープなフォルムの中にも、エレガントな美しさが見事に調和したドラムオーバルシェイプ。

ヴィクトリアン様式　Victorian Style

1837-1901

ヴィクトリア女王が統治したイギリス絶頂期のスタイル。

女王の志向やセンスがそのままスタイルを作り出し、女性らしさと絢爛豪華さを兼ね備えたデザインが流行します。

ロココの影響を受けた愛らしいヴィクトリアン・ロココ。ゴシック・リバイバルの流れからの重厚なネオ・ゴシック。そこにルネッサンス、バロックなど過去の多種多様なスタイルを取り入れたミックスリバイバルブームが沸き起こり、古典的な様式にデコラティブな装飾を融合させた、独特な折衷スタイル＝エクレクティックが誕生しました。

贅を尽くした多彩なアフタヌーンティーのエレメントから、輝かしい時代を垣間見ることができます。

ヴィクトリアン様式のティーポット

フランスのロココやゴシックをミックスさせ、花や植物模様、スクロールで華やかに装飾を施したヴィクトリアン・ロココ・スタイル。

エドワーディアン様式 Edwardian Style

1901-1910

エドワード7世が統治した時代のスタイル。

僅か10年と短い期間ですが、アフタヌーンティーを愉しむためのエレメントが多様化した時代です。

ウィリアム・モリスらが提唱し火をつけた美術工芸運動は「アーツ＆クラフツ」と呼ばれ、新しい風潮を生み出しました。美意識にも変化がもたらされるようになり、装飾過多で女性的なデザインが主流のヴィクトリアンの反動から、小ぶりでシンプルなデザインが見直されます。

過去の様式を原点としたリバイバルを軸としつつ、装飾美と実用美を兼ね備えたエドワーディアンスタイルは、20世紀の工芸やデザインにインスピレーションを与えました。

エドワーディアン様式のティーポット

古典的なネオ・クラシックを連想させるシンプルなラインに、洗練されたディテールを施した「用の美」が凝縮されたデザイン。

Lesson 6 紅茶

紅茶の知識を持つことは、生活芸術を愉しむためにも大切なことです。

ただ、とても奥が深い分野のため、ここではアフタヌーンティーを愉しむための必須ポイントを絞り込んで、お伝えしていきます。

紅茶の定義

アフタヌーンティーのメニューを開くと、ズラリと並ぶ紅茶リスト。

見慣れない産地名やグレード記号を前に「紅茶迷子」となりノックアウト！　なんて経験ありませんか？

同じ一本の木から作られるティーファミリーのお茶は、すべて「カメリア・シネンシス」というツバキ科の常緑樹の生葉を原料とし、製茶法による違いで紅茶・緑茶・烏龍茶と大別されています。

誕生順に長男が緑茶、次男が烏龍茶、末っ子が紅茶と覚えてください。

ファミリーツリーの枝葉にある紅茶の種類は1万近くといわれていますが、大きく「産地銘柄」「ブレンドティー」「フレーバードティー」の3分類にカテゴライズすることができます。

　紅茶は世界中いろいろな産地で栽培され、同じ茶樹でも育った産地によって、味や香りといったキャラクターが大きく変わります。その栽培産地をそのまま銘柄にしたのが、紅茶分類の基本となる「産地銘柄」です。

　そして、この産地銘柄をベースにして、数種類の茶葉をブレンドした紅茶をブレンドティー、香りづけをした紅茶をフレーバードティーといいます。

ティーファミリー

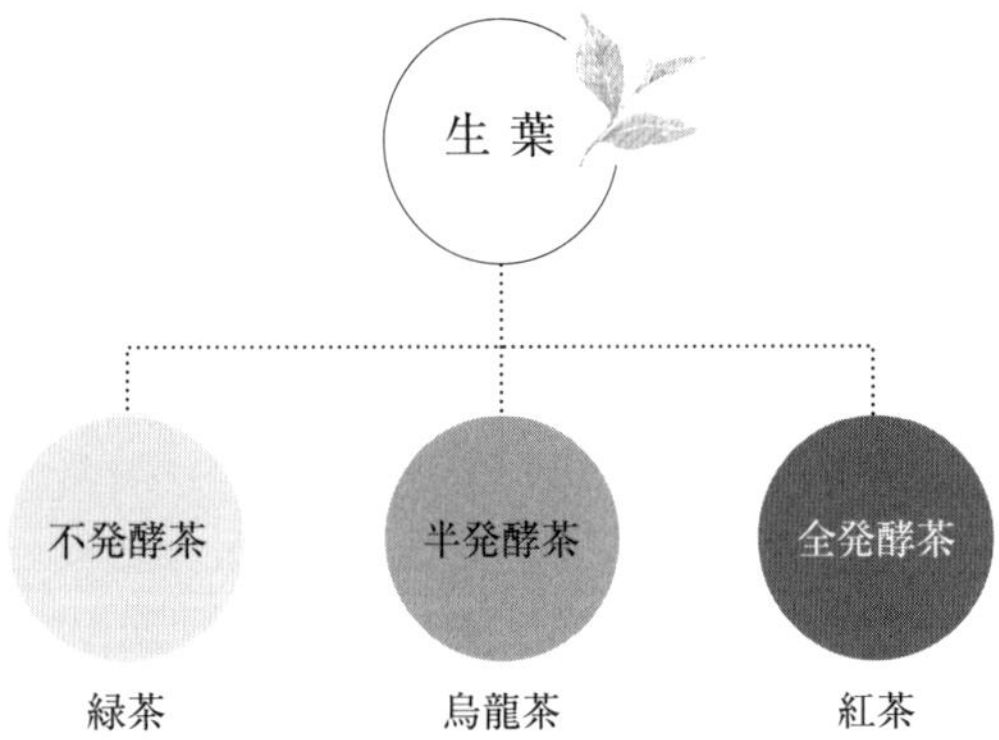

美味しい紅茶の淹れかた

「紅茶を美味しく淹れられること」

これは、アフタヌーンティーを開く際の必須条件。古くはヴィクトリア時代から、紅茶はバトラーまかせにはせず、必ずその家のマダムが淹れることとされていました。

そして、いかに美味しく紅茶を淹れるかというルールについても、愛好家やティーパッカー、王立化学協会まで巻き込み、150年以上にわたって論争が繰り返されてきたのです。

そもそも、美味しい紅茶の基準とは何でしょうか？

決め手となるのが「香り・水色・味」という3つの条件が揃うこと。

ポイントさえ押さえれば簡単なのですが、緑茶と比べて紅茶を美味しく淹れるのはむずかしいと感じているかたも多いようです。

美味しい紅茶を淹れるコツはシンプル。新鮮なお水を沸騰させたボイリングウォーターを使い、蓋をして蒸らすことです。

ここでは、紅茶の美味しさを引き出すゴールデンルールをご紹介します。

Rule 1 良質の茶葉を使いましょう

新鮮で香り高く、色艶の良い茶葉を選びます。紅茶の敵は、臭い移りと光。密封容器に入れ、直射日光を避け、湿度の低い場所で保存します。

Rule 2 ティーポットを温めましょう

ティーポットに熱湯を注ぎ、ゆっくりとまわしながら全体を温め、一度お湯を流します。このとき、ポットの温度が下がらないように、必ずティーマットを敷きましょう。

Rule 3 茶葉の分量を正確に量りましょう

ティーポットに人数分×3gの茶葉を量り入れます。イギリスではここで「ポットさんのための一杯」を入れますが、それは英国の硬水対応。日本の軟水では濃くなりすぎてしまうので、必要ありません。

Rule 4 新鮮な沸騰したお湯を使いましょう

美味しい紅茶を淹れる一番のポイントは、酸素をたっぷり含んだボイリングウォーターを使うこと。新鮮な水を勢いよくケトルに入れたら蓋をせずに火にかけ、500円玉大の泡が湧いてくるまで沸騰させ、1人分200mlを目安としてティーポットに注ぎ入れます。

Rule 5 茶葉をじっくり蒸らしましょう

茶葉が対流にのって上下に動くジャンピングをはじめたら、すぐに蓋をしてティーコージーをかぶせ、じっくりと蒸らします。蒸らし時間は茶葉のサイズによって変わりますが、目安は3分。紅茶エキスの抽出が完了したら、ティーストレーナーで漉しながら、最後の一滴＝ゴールデン・ドロップまで注ぎ入れます。

英国式・5つのゴールデンルール

British Five Golden Rules

I

良質の茶葉を使いましょう

Use good quality tea.

II

ティーポットを温めましょう

Warm the tea pot.

III

茶葉の分量を正確に量りましょう

Measure your tea exactly.

IV

新鮮な沸騰したお湯を使いましょう

Use freshly boiling water.

V

茶葉をじっくり蒸らしましょう

Allow time to brew.

最高の一杯のエッセンス。
大切なことは、美味しく紅茶を
淹れようという気持ちです。
リラックスして、ひとつひとつ
プロセスを楽しみながら
トライしましょう。

How to make
Tea
1
2
3
4
5
time for
Tea!

日本の軟水にあわせた淹れかた

英国式ゴールデンルールは、イギリスの硬水で紅茶を淹れることを前提としています。

そこで注意したいのが水質の違いです。

日本の軟水の場合、短時間で茶葉の抽出が進むため、紅茶をティーカップに注ぎ入れる僅かな時間でも、風味に差が出てしまうのです。

そのため、2杯分の紅茶を注ぐ際には、濃さが均等になるように回し注ぎをします。

そして、3杯分以上の紅茶を淹れる際には、抽出用とサービス用のダブルポットを使う方法をおすすめします。

抽出用のポットは実用性重視。

日本ではフレンチプレスで紅茶を淹れることがありますが、もともとはコーヒーを淹れる道具です。ガラス製で球形に近く、目盛りがついたティーサーバーが最適です。

抽出が完了したら、茶葉を濾しながらティーサーバー用のポットに移しかえ、濃さを均一にしてからそれぞれのティーカップに注ぎ入れることで、味も均一になります。

ティーポットの選びかた

紅茶を美味しく淹れるためには、ティーポット選びが重要。デザイン性と実用性の両方を兼ね備えたものをセレクトしましょう。

デザインは茶葉のジャンピングを促すため丸みを帯びた球形が理想的。ホットウォータージャグとコーヒーポットもシェイプが異なるのでご注意を。実用面ではハンドルが持ちやすいこと、蓋が落ちないこと、注ぎ口のキレがよいことなどを確認します。

素材は熱伝導率の高いシルバー製がベスト。保温性に優れ、茶葉の持つ風味が十分に引き出されるためです。

Column
6

世界三大銘茶とは？

The Three Famous Names

19世紀ヴィクトリア時代、英国の紅茶通たちに称賛され、アフタヌーンティーには欠かせないとされた銘茶。それが「インドのダージリン」「中国のキーマン」「セイロンのウバ」の３種類です。

もともと、英国貴族たちが愛飲していたのは、紅茶発祥の国からやってきた中国紅茶でした。その後、イギリス帝国産紅茶が植民地インドで生産できるようになると、中国種の茶樹から作られた繊細な風味のダージリンが加わり「中国系・インド系、どちらがよろしいでしょうか？」とお伺いするのがステイタスとなりました。

19世紀末、新たな産地セイロン島で生産したウバがロンドンのティーオークションで史上最高値を記録したことから、個性的なウバが加わって「三大銘茶（The Three Famous Names）」と呼ばれるようになりました。

ダージリン

[原産地]
インド
ダージリン地方

紅茶のシャンパンとも称される香り高いマスカテルフレーバーが魅力。

キーマン

[原産地]
中国
安徽省

中国茶のブルゴーニュとも呼ばれるエキゾチックな東洋の古典銘茶。

ウバ

[原産地]
スリランカ
ウバ地方

爽快な渋味と刺激的なメントールフレーバーを持つ魅惑的な紅茶。

英国式ティーサービス

アフタヌーンティーのメインとなる紅茶は、最低でも2種類、できればティーフーズにあわせてペアリングした3種類がベストです。

ペアリングもセンスの見せどころ。

紅茶は嗜好品ということを念頭に置き、自分の好みの紅茶だけではなく、ゲスト全員が美味しくいただけるように、産地銘柄、ブレンド、フレーバードティーなどキャラクターの異なる茶葉をセレクトします。

茶葉についての説明をしたら、マダムがゲストに紅茶を振る舞います。

主役のマダムは、できるかぎり席を立ってはいけません。キッチンで紅茶を淹れティーカップに注ぎ、トレイに載せて登場するのは日本式。英国スタイルではゲストの前で紅茶を淹れるため、ティーサービス一式をテーブルにセットしておきます。

ティーポットを扱うのは、マダム一人。つねにマダムの前に置き、ゲストが触れることはありません。

紅茶をティーカップに注ぐときは、右手でティーポット、左手でカップ&ソーサーを持ち、そのまま胸の高さまで持ち上げ、ゆっくりと紅茶を注ぎ入れます。

このとき、ティーポットだけを持ち上げ、

蓋を押さえながら入れる所作は日本茶の作法。シルバーのポットは蓋が固定されているうえ、つまみが熱くなることもありますので、押さえる必要はありません。

また、高い位置からティーポットを上下させながら入れるパフォーマンスの必要もありません。指先まで神経を行き届かせ、ひとつひとつの所作を丁寧に、そして堂々と、マダムらしく振る舞ってみてください。

ティーカップに紅茶を注いだら、右側の主賓から順番に手渡します。

一杯目の紅茶はウェルカムティーという意味合いもありますので、一人ひとりにお声がけも忘れずに。ホットウォータージャグの用意がある場合は、薄めの紅茶をリクエストされたかたのカップに注ぎ入れます。

二杯目以降の紅茶を入れるときに、注ぎ足しをするのはＮＧ。残っている紅茶や冷めてしまった紅茶は、サイドテーブルに用意したスロップボウルに流します。このときティーケトルの用意があれば、カップにお湯を注ぎ、清め流してから次の紅茶を入れます。

紅茶とティーフーズのマリアージュ

アフタヌーンティーをいただく際に大切なのが紅茶とのペアリング。

ワインでいう「マリアージュ」と同じように、相性の良い組み合わせをすることで、お互いの味わいを引き立て合うことができます。

紅茶に含まれるタンニンには、油脂を分解させる作用があるため、甘いものや脂っこい食べものにあわせることで口の中をスッキリとリセットし、次のひと口をより美味しく引きたててくれる効果があります。

濃厚なティーフーズとタンニンが豊富な紅茶は、ベストパートナーというわけです。

そしてペアリングの際に着目したいのが紅茶の温度です。

紅茶の風味は抽出温度によって異なり、高温抽出の場合はパンチのあるしっかりとした味わいに、低温抽出の場合は清涼感のあるスッキリとした風味になります。

紅茶とティーフーズの掛け算で化学反応は何通りにも広がります。ぜひ、最高のマリアージュを見つけ出してみてください。

Column 7

イギリス人はレモンティーを飲まない？

「イギリス人はレモンティーを飲まない」

そんなイメージがありますが、実はヴィクトリア時代にちょっとしたブームになったことがありました。

トレンドの発信元は、ヴィクトリア女王です。

19世紀後半、女王がロシア皇帝に嫁いだ愛孫アリックスに会うために、ロシアへ訪問したときのこと。遠路遥々やってきた大好きなおばあさまのために、アリックスはサモワールで淹れた紅茶にレモンとクローブを浮かべて振る舞いました。

女王は初めて味わうエキゾチックなレモンティーを大変気に入り、帰国後も愛飲していたといいます。すると、流行に敏感な層の間で、ファッショナブルな飲みものとして広まっていきました。

今でもイギリスでは、ロシアンティーというとジャムではなくレモンを入れた紅茶のことを指します。

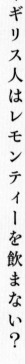

Lesson 7
ティーフーズ

アフタヌーンティーは貴婦人の社交から生まれた贅沢で特別なお茶時間です。
テーブルを華やかに彩るティーフーズもまた別格。エレガンスの極みともいえる「食べる芸術品」の数々が並びます。

ティーフーズの基本となるのは「セイボリー・スコーン・ペイストリー」の3構成。セイボリーはサンドイッチを中心とした塩気のあるフーズ、ペイストリーはケーキを中心とした甘いお菓子、美味多彩いろいろな種類を少しずつ楽しめるのもアフタヌーンティーの魅力のひとつです。

19世紀、アンナ・マリアがアフタヌーンティーを考案した当初、紅茶に添えられていたのは、ビスケットやバター付きのパンなど、簡単なお茶菓子でした。

ゲストの数が増えるとともに品数も増えていき、プティフールやサンドイッチなどが登場します。

アフタヌーンティーの流行にともなって、余裕のある貴族たちは専属のシェフを雇うようになりました。すると、メニューにも創意工夫が加わり、ディナーのあとのデザートとは異なる、アフタヌーンティーのための洗練されたペイストリーが次々と生み出されることになります。

ヴィクトリア時代後期になり、ホテルでもアフタヌーンティーが行われるようになると、メニューにスコーンが登場。「サンドイッチ・スコーン・ペイストリー」という構成が浸透し、3段スタンドを用いてのサービスも広まっていきました。

20世紀に入り、各ホテルがアフタヌーンティーを取り入れると競争原理が働き、スキルも格段にアップ。バリエーション豊かなアフタヌーンティーのメニューが考案され、イギリスから世界中へと広がっていきました。

アフタヌーンティースタンド、なぜ3段？

アフタヌーンティーのアイコンといえば3段スタンド。なぜ、あのような独特の形になったのでしょうか？

実は、あのスタンドは初期の頃のティーセレモニーには登場することはなく、ホテルアフタヌーンティーが楽しめるようになったヴィクトリア時代後期、サービスの簡素化という面から考案された、いわば便利アイテムともいえる存在です。

スタンドのルーツは「ダムウェイター」という家具。直訳すると、ものを言わない給仕人という意味を持つ、サイドテーブルが2段、3段と重なった木製家具のことです。

19世紀、貴族のアフタヌーンティーでは「ティーフーズはたっぷりと用意する」というお約束事がありました。品数はどんどん増える一方で、この時代の家具はネオ・ロココ調の小ぶりのものが好まれ、テーブルを大きくするわけにはいきません。そこで登場したのが、テーブルを上に重ねたダムウェイターでした。

ただ、中産階級が暮らす家にはダムウェイターは大きすぎました。すると、小ぶりで折りたたみ式の木製3段スタンドが誕生します。使い終われば畳んで収納することができる省スペースアイテムです。

その後、ホテルアフタヌーンティーの普及にともない、木製スタンドをさらに小型化し、卓上型に進化させたものがシルバーの3段スタンド。一度に3プレートを運べるうえ効率良くサービスすることができるため、限られた空間で大勢のゲストを迎えるホテルにとっては、格好のアイテムだったのです。サヴォイホテルが先駆けとなり広まっていきました。

20世紀に入ると、スコーンウォーマーが付属したタイプなど多彩なデザインのスタンドが登場し、アフタヌーンティーには欠かせないエレメントとなりました。

現在は家庭でのアフタヌーンティーにも気軽に取り入れられるようになり、2段式のツーティアスタンド、3段式のスリーティアスタンド、ガラス製やペーパー製など進化系スタンドが登場し、存在感を放っています。

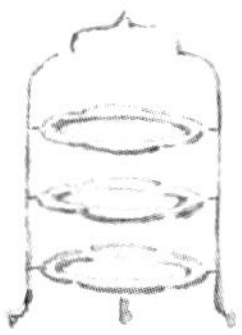

ティーサンドイッチ

最近はセイボリーの種類が増えて、パイ・タルト・キッシュなどバラエティ豊かなアミューズ系のフーズが増えてきましたが、伝統的なアフタヌーンティーに欠かせないメニューがサンドイッチです。

サンドイッチひとつにも究極のエレガントさが追求されるのがアフタヌーンティー。特にティーセレモニーに饗される「ティーサンドイッチ」は、ランチタイムに登場するボリュームたっぷりのサンドイッチとは一線を画すものです。

サンドイッチはご存知の通り、英国の名門貴族・第4代サンドウィッチ伯爵によって考案されたといわれています。

カードゲームに夢中になるあまり、トランプを持ったまま片手でつまめるように、パンの間にローストビーフやチーズを挟んだものを執事に用意させた……という説が有名ですが、その話はライバル政治家が流したスキャンダルだという声も聞こえてきます。

いずれにせよ、18世紀の貴族の館から生まれたサンドイッチは、19世紀に発祥した午後のお茶会によって、ブラッシュアップされ変化を遂げます。

上流階級のためのティーサンドイッチは、女性の華奢な指先でつまんで、大きな口を開けることなく口元へ運ぶことができるように、美しく洗練されていきました。

ヴィクトリア時代のティーサンドイッチをお手本としたフォーマルなティーサンドイッチをご紹介しましょう。

パンはホワイトとブラウンの2種類を用意し「葉っぱのように透けるほどの薄さ」にスライスします。数値で表すと約6ミリ以下。日本のサンドイッチ用パンの厚みが10ミリほどですので、この薄さにスライスするなんて、まさに職人技です。

その裏には「うちは、こんなに腕利きのシェフを抱えているの。上質な道具も揃っているのよ……」という一種のマウンティングが込められていたわけです。

そんな薄いパンに挟むフィリングも然り。

沢山の食材を詰め込んだサンドイッチは、短時間で食欲を満たすためのパワーランチとみなされるうえ、食べにくいものです。

伝統的なキューカンバーからはじまり、サーモンやローストビーフなど海の幸や山の幸の具材を1種類のみ使い、バターを塗ったパンに薄くサンドします。

そして、指先でつまみ、噛みちぎることなくひと口でいただける約3センチ角にカットし、サンドイッチプレートに並べ、乾燥を防ぐために生野菜を上に添えれば、貴婦人のサンドイッチが完成です。

Column 8

ティーテーブルの貴族 キューカンバーサンドイッチ

「キューカンバーサンドイッチはティーテーブルの貴族です。優雅で洗練され、非の打ち所がありません。」

ロンドン最高峰のアフタヌーンティープレイスと名高いホテル・リッツのアフタヌーンティーブック(The Ritz London Book of Afternoon Tea)の一節です。

日本人の感覚からすると「えっ、かっぱ巻きに使うあのキュウリ?!」と驚きを隠せません。

どのような理由からキュウリが貴族に愛されるようになったのでしょうか……?

アフタヌーンティーが発祥したヴィクトリア時代、キュウリは高級食材でした。イギリスの気候は、気温が低いうえ日照時間も少なく、栽培が困難だったのです。

そこで貴族たちはキュウリを育てるために庭園にグリーンハウスをつくり、ガーデナーが細心の注意を払い特等席でキュウリを栽培しました。

そんな「温室育ちのキュウリ」を惜しげもなくふんだんに使ったキューカンバーサンドイッチは最高のおもてなし、つまりステイタスシンボルとなり、アフタヌーンティーに欠かせない存在になった……というわけです。

新鮮なキュウリとフレッシュミントを組み合わせたサンドイッチは格別の美味しさ。気軽な食材となった現在でも、貴族の流儀が脈々と受け継がれています。

英国伝統の
キューカンバーサンドイッチ

英国貴族がこよなく愛するキュウリのサンドイッチ。日本と英国ではキュウリの種類が違うので、日本のキュウリを使う際には水気をよく切ることがポイントです。

[材料]

〈２人分〉

薄くスライスしたパン……４枚

キュウリ……１本

バター、ミント、塩・こしょう、イングリッシュマスタード……各適量

[作り方]

1 キュウリは両端を落とし、パンの長さにあわせてカットし、スライサーを使い縦に薄くスライスし、しっかり水気を切っておきます。

2 パン２枚にバターを塗り、キュウリを少しずつずらしながら並べ、塩・こしょうをふり、ミントを散らします。

3 残り２枚のパンにマスタードを薄く塗り、２と重ねてそれぞれサンドします。

4 キッチンペーパーやラップで包み、しばらく休ませたあと、上から軽く押さえながら耳を落とし、フィンガーサイズにカットします。

5 乾燥を防ぐために、上にハーブや野菜、エディブルフラワー etc.を飾ります。

Cucumber Sandwiches

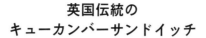

スコーン

イギリスの女の子が最初に習うお菓子ともいわれ、アフタヌーンティーには欠かせない代表選手がスコーンです。

今や日本でも大旋風を巻き起こしているスコーンですが、文献によると初期の頃のアフタヌーンティーには登場していなかったようです。当時はクランペットやマフィンにハチミツやバターを添えていただきました。

スコーンはスコットランドで中世から作られていたクイックブレッドを起源としています。ヴィクトリア時代、小麦粉や砂糖、ベーキングパウダーが普及し、現在のようなフォルムと食感になり、イギリス全土へと広まりました。

20世紀に入りホテルアフタヌーンティーが普及すると、一般家庭のお茶菓子として広く親しまれていたスコーンがティーフーズに加わります。シェフたちの手によって作られた家庭菓子とはひと味違う「ホテルスコーン」が3段スタンドを飾るようになったのです。

アフタヌーンティーにふさわしいスコーンは小ぶりの型（5センチ位）で抜き、セイボリーを食べ終えた頃を見計らって焼き上げ、専用のスコーンウォーマーなどで温かい状態を保ちつつ、クロテッドクリームとジャムを添えてゲストにサービスします。

ロンドンのホテルスコーン

ロンドンのホテルアフタヌーンティーに登場する、腹割れのないタイプのスコーン。強力粉をブレンドすることで、ふっくらしたテクスチャーに仕上がります。

[材料]

〈 直径5cm型約8個分 〉

A
- 薄力粉 …………… 110g
- 強力粉 …………… 110g
- ベーキングパウダー ……………… 大さじ1
- 塩 …………… 小さじ1/2
- グラニュー糖 ……… 40g

バター（食塩不使用） ……………………… 40g

B
- 牛乳 ……………… 100ml
- ヨーグルト …… 大さじ1

[作り方]

■下準備
- バターは1cm角にカットし、室温に戻しておきます。
- 牛乳とヨーグルトをよく混ぜておきます。
- オーブンを180℃に予熱しておきます。

1 Aをあわせてふるい入れたボウルにバターを加え、粉をまぶしながら指先でバターをつぶし、粒状になったら手でこすりあわせ、サラサラの状態にします。

2 ボウルの中心にくぼみを作りBを加え、カードで切るように混ぜ、生地をひとまとめにしたら、ラップをして冷蔵庫で1時間程度休ませます。

3 打ち粉をした台に生地を置き、めん棒で2cmの厚さに伸ばし、型で抜き、表面に溶き卵（分量外）を塗ります。

4 180℃のオーブンで20〜25分、表面がキツネ色になるまで焼きます。

Hotel Style Scones

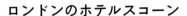

Column 9

カントリースコーンVSホテルスコーン

「家庭の数だけレシピがある」といわれるイギリスのスコーン。日本のお雑煮と同じように、郷土色があります。

そんな地方菓子として受け継がれてきたのが、カントリースコーン。サイズは田舎へ行くほど大きくなり、狼の口（Wolf's Mouth）といわれる腹割れのある豪快な形で、粉の味をダイレクトに生かしたレシピが多いのが特徴です。

そして、ロンドンに近づくほど小さくなっていきます。特にホテルスコーンは小ぶりで繊細。腹割れがなく上用饅頭のようにぷっくりとした形で、上品な味わいです。

本場イギリス以上に日本のスコーンは進化が凄まじく、バリエーションも多種多様。日英スコーン対決として食べ比べてみるのもおすすめです。

ミニヴィクトリアサンドイッチケーキ

アフタヌーンティーの定番ケーキを、ワンボウルで手軽にできるメソッドで小ぶりのポーションに焼き上げます。サンドするのはジャムのほか、レモンカードやバタークリームでも。

[材料]

〈 直径6cmのヴィクトリアサンドイッチティン6個分 〉

生地

- バター（食塩不使用）…… 100g
- グラニュー糖 …… 100g
- 全卵（Mサイズ）…… 2個
- 薄力粉 …… 100g
- ベーキングパウダー …… 小さじ1

仕上げ用

- ラズベリージャム・粉砂糖・ラズベリー・フレッシュミント …… 各適量

[作り方]

〈 All-in-one Method 〉

■ 下準備

- バターは室温に戻し、指がスッと入るくらい柔らかい状態にしておきます。
- 薄力粉・ベーキングパウダーをあわせてふるっておきます。
- 全卵はよく溶きほぐしておきます。
- オーブンを170℃に予熱しておきます。

1 ボウルに生地のすべての材料を入れます。

2 ハンドミキサーで低速で30秒、高速で1分ほど、全体が均一でなめらかになるまで混ぜます。

3 型に生地を入れ、170℃のオーブンで約20分焼き、型から外して冷まします。

4 生地を横半分にカットし、ラズベリージャムをサンドし、仕上げに粉砂糖をまぶしてラズベリーとミントを飾ります。

Mini Victoria Sandwich Cake

ペイストリー

アフタヌーンティーに登場するお菓子は、ディナーのあとに出てくるデザートとは区別されます。

カスタードやクリームをたっぷりとかけていただくプディング（デザートの総称）の類ではなく、手でつまみ、口へ運ぶことができるフィンガーフードが基本。バリエーション豊かな生菓子や焼き菓子を少なくとも3種類以上用意し、数が多いほどフォーマルになります。そして、イギリスでは自分の出身地を示す郷土菓子をメニューに入れて振る舞う習慣もあります。

サイズは小ぶりに仕上げます。目安としては、タルトやシューは約3センチ程度、パウンドケーキをスライスする際は8ミリ以下、ホールケーキを切り分ける際は4センチ以下とし、ティービスケットもひと口でいただけるフィンガーサイズが基本となります。

英国菓子といえば、素朴な焼きっぱなしのお菓子というイメージを持つかたが多いのですが、ヴィクトリア時代のアフタヌーンティーで好まれたのは、マリー・アントワネットが口にしていたような繊細なフランス菓子でした。

美食家の貴族たちにとって、破格の年俸が必要なフランス人シェフを雇うことは、ステイタスシンボルでもあったのです。

特に、ペイストリーシェフが作り上げる宝石箱のような華奢なフランス菓子は、貴婦人たちにとっても羨望の的となりました。

それはホテルアフタヌーンティーにも受け継がれ、ペイストリープレートは小ぶりで可憐なフランス菓子で埋め尽くされるようになっていきました。

ただし、近年イギリスでも伝統的な英国菓子がリバイバルブームとなっていて、傾向が変わってきました。

オールドファッションのケーキを軽い口当たりにしてミニサイズで焼き上げたり、デザートレシピのプディングをアフタヌーンティーにふさわしくアレンジしてスタンドに盛りつけたりと、新しいトレンドが発信されています。

小ぶりなサイズのペイストリーを何種類もいただくことができるのもアフタヌーンティーの醍醐味。ティーフーズの構成にも緩急をつけて紅茶とのマリアージュを楽しんでください。

Column 10

女王が愛したお菓子 〜ヴィクトリアサンドイッチケーキ〜

イギリスで一番愛されているお菓子といえば、ヴィクトリアサンドイッチケーキ。甘美なケーキの裏には、ちょっぴりほろ苦いストーリーが隠されています。

幸せな結婚生活を送っていたヴィクトリア女王は、1861年に最愛の夫アルバート公が急逝すると、ワイト島にある別邸オズボーンハウスに隠遁し、喪に服す日々を送りました。

そんな女王に公務復帰を促すために、アフタヌーンティーパーティーが開かれ、そこで振る舞われたのがスポンジにラズベリージャムをサンドした素朴なケーキでした。女王の傷ついた心を癒やしたそのケーキは、ヴィクトリアサンドイッチケーキと名づけられ、アフタヌーンティーには欠かせない定番菓子となったのです。

第3章

気品を磨く アフタヌーンティーのマナー

マナーが人を作る

～Manners make the man.～

「マナーが人を作る」

素敵な言葉だと思いませんか？

イギリスの名門オックスフォード大学ニューカレッジや最古のパブリックスクール、ウィンチェスターカレッジを創設したウィリアム・オブ・ウィカムによるモットーです。

この言葉の裏には、真の紳士淑女というのは「生まれ」や「育ち」ではなく、人を思いやる気持ちを形で表す礼儀や作法を、どれだけ身につけているかで決まる……そんなメッセージが込められています。

マナーを重んじるイギリスでは、どんなに深く学問を習得したとしても、礼節が備わっていなければ社会で評価を得ることはできないとされ、リベラルアーツとしてマナーを習得します。

上流階級には、幼少期からティーマナーを習得する「ナーサリーティー」というお茶の時間があり、紅茶を嗜みながら振る舞いやしきたりを学びます。

けれど、イギリスにおいて上流階級に属するのは1％以下の少数派。

多くは「自分を磨くための教養」として習得していくのです。

教養とは「学問や知識を身につけることによって養われる品性」のこと。

ただし、マナーは単に知識を学ぶだけではなく、理解したうえで目に見える形で表現することが大切です。

なぜなら、マナーは決して堅苦しい約束事ではなく、心のエレガンス。

同じ時間や空間をご一緒するかたへの優しさや心遣いを、態度で表すための素敵なツールだからです。

テーブルマナーの歴史

テーブルマナーというと、料理の食べかたや作法をイメージするかたが多いのではないでしょうか？

それはあくまでも「型」であり、何よりも大切なことは「思いやりの気持ち」です。

マナーという概念が誕生したのは紀元前。古代エジプト時代に世界最古のマナー書といわれる「プリス・パピルス」が記され

ました。

今から4000年以上前の教えに書かれていることは「一緒に食事をする人に不快感を与えず、自己主張せず相手を敬い、調和を重んじること」。これは現代にも通じるマナーの本質ともいえます。

食事作法という点では、意外にも中世の頃までは「東高西低」。日本人が行儀良く箸を扱って食べものを口にしていた時代、西洋では王侯貴族でさえ手づかみでした。

それどころか、中世の食卓は権力闘争の場でもあり、毒殺や暗殺も日常茶飯事の男性社会。女性は地位が低いものとされ、列席すら許されない時代が長く続きました。

ヨーロッパにテーブルマナーが誕生したのは、一足早くルネッサンス期を迎えたイタリアです。花の都・フィレンツェに君臨したメディチ家によって育まれた食文化は、16世紀カトリーヌ・ド・メディシスのお嫁入りによってフランスにわたります。そこでカトラリーの扱いかたや作法、女性を敬う「レディファースト」という精神が広まり、フランスの宮廷文化が洗練されていきます。

その後、島国イギリスでも「貴族の修学旅行」といわれたグランドツアーでイタリアやフランスを訪れ、紳士としての振る舞いを身につけた層を中心に「ジェントルマン文化としてのマナー」が定着。「主君への忠誠、名誉と礼節、貴婦人への献身」という騎士道の精神が広まります。

19世紀、紳士淑女とともに洗練された身嗜みや作法が重要視されるようになり、英国式のテーブルマナーも確立。礼儀正しさやマナーを重んじる姿勢が、国民性として受け継がれるようになりました。

マナーは食文化や生活様式、宗教、民族によっても大きく異なります。そのような異文化の国々でも、コミュニケーションを円滑にするために作られた国際儀礼が「プロトコール（Protocol）」です。

マナーが個人レベルでの礼儀作法だとしたら、プロトコールは国を超えた世界共通のエチケット。紳士淑女として認められるためのチケットでもあります。

マナーもプロトコールも、決して特別なものでも堅苦しいものでもありません。長い年月をかけて積み上げられてきた作法や規律は、騎士道・武士道という差異はあっても、根底に流れている「ホスピタリティ＝思いやりの精神」は古今東西共通しています。

マナーはホスピタリティ。

それぞれの価値観や習慣を尊重し、円滑なコミュニケーションをはかるために継承されてきた、人々の知恵と思いの表れなのです。

Column 11

ホテルアフタヌーンティーの誕生

貴婦人たちの優雅な午後のお茶会。その憧れのスタイルはヴィクトリア時代後期、ロンドンのホテルに取り入れられました。貴族の館さながらの空間で素敵な家具調度品に囲まれながら、一流シェフによるアフタヌーンティーを気軽に味わうことができるようになったのです。

初めてアフタヌーンティーを提供したホテルは「ザ・ランガム・ロンドン」といわれています。1865年のオープンとあわせて登場したのですが、当時はまだアフタヌーンティーという名前はついていなかったため、メニューには「Tea Plain」と記載されていました。

ホテルアフタヌーンティーは、もうひとつの社交の場として人気となり、その後サヴォイ、リッツと名だたるホテルへと広まり、今もなお世界中から訪れるゲストを魅了しています。

気品と教養を感じるマナー

「アフタヌーンティーに細かなマナーなんてあるの？」

「自分の好きなように食べてはいけないの？」

もしかしたら、そう感じるかたもいらっしゃるかもしれません。

マナーは相手を思う気持ちから生まれたホスピタリティ。

これをしてはいけない、というルールでもなければ、知らないと恥ずかしいということもありません。同じ時間や空間をシェアする方々への敬意を、形に表して伝えるコミュニケーションツールと考えてみてください。

だからこそ、単に型だけを覚えるのではなく、その背景にある成り立ちや意味を理解することで「気品と教養を感じるマナー」が身につくのです。

素敵な時間を過ごしているのに、気づかないうちに周囲に不快な思いをさせていたら、それは残念なことです。また、マナーを知らないというだけで、自信が持てずに心から愉しめないとしたら、それももったいないこと。「知っている」と「知らない」の差は思っている以上に大きいものです。

マナーを備えることで美しい立ち居振る舞いができるようになり、どのようなシーンでも自信が持てるようになります。そんな洗練された気品を身に纏った大人は、まわりの人々をも心地よいオーラで包み込んでくれるものです。

ここからは、少しかしこまったホテルアフタヌーンティーやレセプションパーティーへ出掛ける際のエレガントなマナーについて、具体的に順を追ってお話をしていきます。

ベーシックなマナーの心得さえあれば、どのようなシーンにおいても応用が利きます。ＴＰＯにあわせてアレンジを加えながら、自分流のエレガンスを見つけてみてください。

品位ある装い　ドレスコード

フォーマルなアフタヌーンティーには、プロトコールにおけるドレスコード＝服装規定があります。

世界的にドレスコードはカジュアル化傾向にあるとはいえ、あまりにもラフな格好で席に着くことは、その場の雰囲気を壊す行為にもなりかねません。

なぜなら、服装もまた敬意の表れであり「人」や「場」に対してのメッセージだからです。特に格式あるホテルやレストランには、その空間に即した服装や立ち居振る舞いというものがあります。

まずは、フォーマルな装いと成り立ちを簡単に見ていきましょう。

男性のスマートな装い

洋服

落ち着いたダークスーツを選ぶと紳士的な装いに。タイはマストではありませんが、シャツは襟付きがベター。

ポケットチーフ

スタイリッシュな印象を演出できるアイテム。

ネクタイ

レジメンタル柄(右上から左下への斜めストライプ)のネクタイをウィンザーノットの結びかたにすれば英国スタイルに。

靴

手入れの行き届いた革靴を。

男女ともに気を配りたいこと

男女問わず気をつけたいのが香水です。

紅茶は繊細な香りを愉しむ飲みものですので、香水は控えるのがマナー。

自分では気づきにくい整髪料や柔軟剤などの香料も、人によっては苦痛に感じるかたもいらっしゃるので、周囲への配慮を忘れないことが大切です。

そして、装いの品格を左右するのが足元です。

靴は装いの最終仕上げ。足の先まで気配りを忘れずに気品漂うトータルコーディネートを心がけてみてください。

女性のスマートな装い

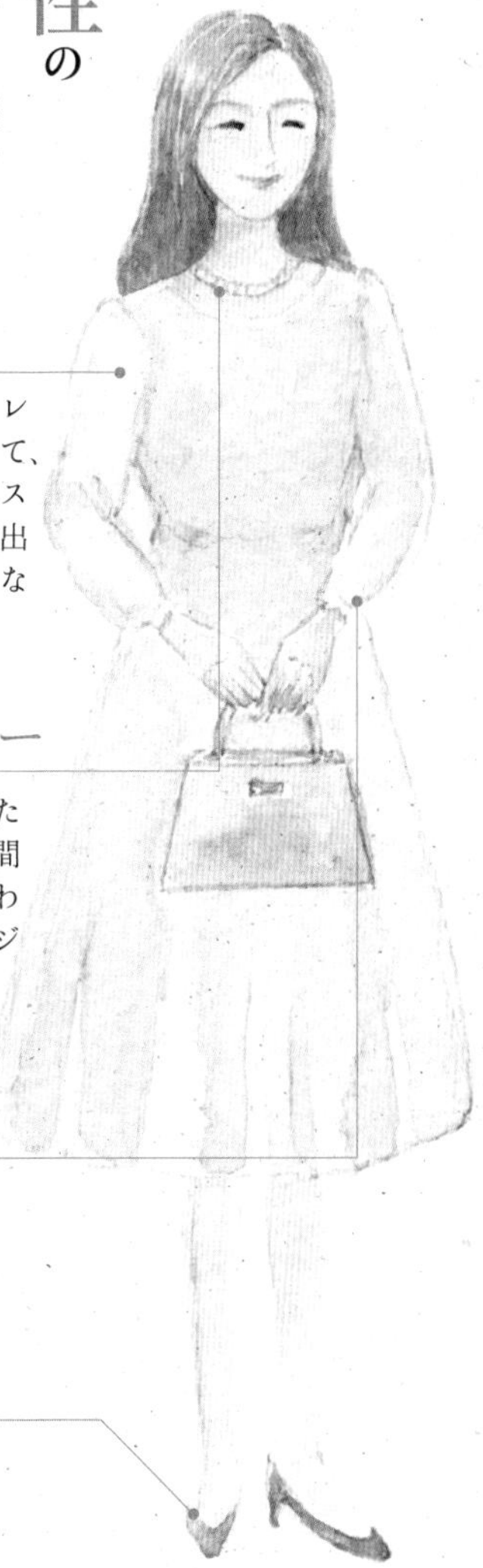

洋服

アフタヌーンドレスをお手本として、上品なワンピースやスーツなど露出度が低いシックな装いを。

アクセサリー

大きな石のついた指輪は避け、昼間の時間帯にふさわしい落ち着いたジュエリーを。

袖丈

5分袖以上がベター。ノースリーブの場合はボレロやショールを纏うとエレガント。

靴

薄手のストッキングにヒールのあるパンプスを。

日本において、洋装のフォーマルウエアは、英国王室をお手本に取り入れられてきました。

日本に初めて紅茶が輸入された明治時代、まだ和装が一般的でした。

文明開化を迎え、鹿鳴館や長楽館で「舶来品のハイカラ飲料」として紅茶が広がりを見せた頃、上流階級の男性たちの間で洋装化が進んでいき、エスコートする男性にあわせて女性たちもドレスを身に纏うようになります。

明治政府は先進諸国に倣《なら》って西洋化を進め「洋装は上流階級の嗜み」として広まっていきました。

それでは、アフタヌーンティーのドレスコードはどのようなスタイルでしょうか。

プロトコールにおいてのドレスコードは、男性の服装を基準として女性の装いが決まります。

フォーマルなアフタヌーンティーのドレスコードは、男性は正礼装であるモーニング、女性はアフタヌーンドレスになります。

装いは時代とともに変化するものであり、近年はフォーマルなシーンにおいても服装の簡略化が進んでいます。英国王室や大使館のティーパーティーに招かれでもしないかぎり、正装が求められるシーンもありません。

イギリスの格式高いホテルでは、稀に「男性はジャケットとタイ着用」というドレスコードを設けている場合もありますが、特に規定は設けない「インフォーマル」が基準となっています。

これは「各自の判断でTPOを考慮し適切な服装を選んでください」というメッセージでもあります。だからこそ、知性が漂う大人の装いをして調和をはかることが「身の嗜み」つまり身嗜みにつながります。

優美な立ち居振る舞い

テーブルへ案内されたら、椅子の左側から着席します。

これはプロトコールにおける「右上位」という考えかたと、昔の騎士たちが剣を左側に携えることが多かったため、スムーズに出入りできるようにという経緯からきています。物理的な条件でむずかしい場合は、周囲の方々への配慮を忘れずに、臨機応変に振る舞います。

ここで、気品ある所作の基本となるのが姿勢です。

姿勢はその人の印象を大きく左右するもの。凛とした姿勢は相手への敬意を示すとともに、上品で洗練された印象を与えます。

正しい姿勢を保つには、座る際に骨盤をしっかりと立て、デコルテラインを意識し、胸を開くようにします。そして、天井から糸で引き上げられている感覚で背すじを伸ばします。このとき、おへその下あたりにある丹田《たんでん》と呼ばれる部分に力を入れると軸が定まり、美姿勢を保つことができます。

所作には、心の状態が表れます。

ひとつひとつの所作は慌てることなく、落ち着いてワンテンポ余裕を持ち、ゆっくりと流れるように行うことを心がけます。

周囲の人への配慮、物への敬意があれば、おのずと伝わるもの。呼吸を整えながら指先を揃え、丁寧に行うことを意識してみてください。内面の自信は、美しい身のこなしにつながります。

エレガントな
紅茶のいただきかた

「紅茶を一杯飲む姿を見れば、その人の育ちがわかる」

イギリスで囁かれる、ちょっぴり意地悪な言葉です。

日本流に言い換えると「箸使いでお里が知れる」というところでしょうか。

食事中の振る舞いには、品性やバックグラウンドが映し出されるというわけです。

日本では正しい飲みかたを学ぶ機会も少ないうえ、茶道の流れからきた誤った所作が伝えられることもありますので、おさらいしていきましょう。

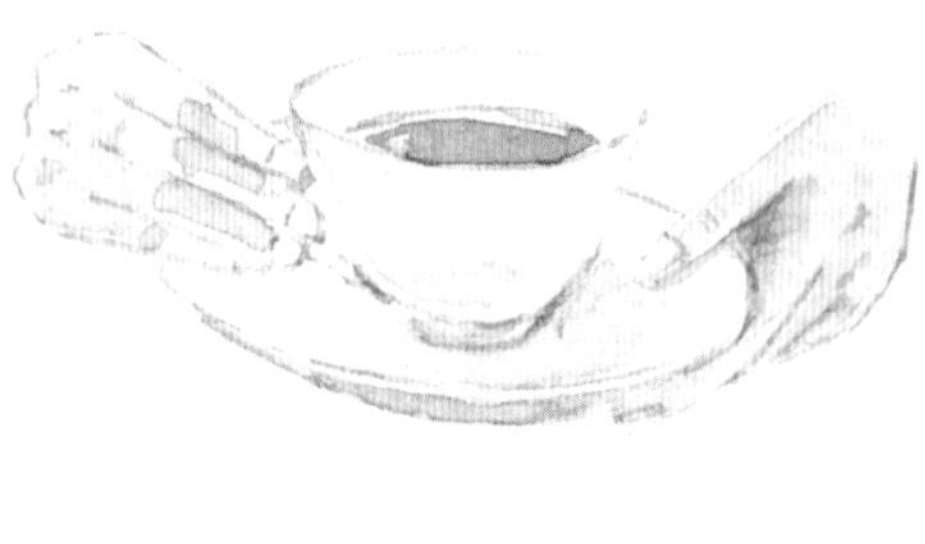

紅茶が運ばれてきたら、即座に飲みはじめるのではなく、全員分揃うまで待ちます。スタートのタイミングは「頂戴いたします」のような決められたフレーズはなく、メインのかたがティーカップに口をつけた瞬間が合図となります。

茶道では、お茶より先にお菓子をいただくのが作法ですが、アフタヌーンティーの場合は逆。紅茶をひと口いただいてからティーフーズに進みます。

ティーカップ＆ソーサーの扱いかたは、テーブルの高さによって変わります。

ハイテーブルの場合は、ソーサーには触れずに右手でカップだけを持ち上げます。

ローテーブルの場合は、ソーサーごと胸の高さまで持ち上げ、左手でソーサー、右手でカップを持っていただきます。

ここで、何より品性が表れるのがカップを持つ指先です。

ハンドルに指を通してしっかりと握るのではなく、親指・人差し指・中指の3本でつまむようにし、薬指や小指は立てずに延長上でふんわりと添えるようにすると、非常に洗練された印象を与えます。

これは、実際に「握る」と「つまむ」という所作を見比べてみると一目瞭然。もともとティーカップに把手はなく、18世紀にハンドルがつけられるようになった初期の頃も、繊細なつまみのような形状で「握るもの」ではなく「つまむもの」として扱われていたようです。

ティーカップは利き手にかかわらず、右手で扱うのがマナーです。

このとき、左手をカップに添えたり両手で飲むような仕草は、丁寧というより未熟な印象を与えます。無駄な所作は極力避けるようにします。

イギリスの上流階級のかたがたは、利き手にかかわらず、右手で美しくつまんで召し上がります。

もちろん、誰もが初めから完璧な所作ができるわけではありません。幼少の頃からナーサリーティーの時間などを通じて、両手でカップを持つところからはじめ、繰り返し実践し身につけていくのです。小さなレディであっても、常に他人からどう見られているのかを意識しています。

とはいえ、一朝一夕で身につくものではありませんし、カップのデザインや重さ、ハンドルの形状によっても違いがあります。無理につまもうとして、バランスを崩してしまう心配があるくらいなら、安心して飲めるよう臨機応変に対応するのがマナーにつながります。

また、相手に不快感を与えるようなネイルや、食器を傷つけてしまう恐れのある指輪なども配慮に欠けるもの。清潔感を心がけてみてください。

手に意識を向けることで指先まで神経が行き届き、品性が磨かれていきます。

ティーカップのハンドルは右？ 左？

英国流のフォーマルなセッティングでは、ティーカップ&ソーサーはハンドルを右側に向け、スプーンはハンドルの下に縦にセットします。日本ではハンドルは左側に向け、スプーンはカップの前に横にセットし使い終えたら奥に移動させ、右側にハンドルをまわすのがマナーと習うこともありますが、これはあくまでも純日本式。マナーは無駄な動きを省くという観点から合理的に作られたもの。カップの糸底を引きずり不快な音まで立てる動きは必要ありませんのでご注意を。

茶器拝見はマナーに反する？

カップを目線の上まで持ち上げてバックスタンプをチェックする光景も日本独特の作法。茶道のお道具拝見に倣い、茶器を裏まで眺めることが礼儀と思うかたもいるようですが、実はマナー違反。西洋では食器をテーブルに静置した状態で使うことが多いため、必要以上に食器に触れたり、ましてや裏返しにするようなことはありません。窯印が気になる場合は「素敵なカップですね、どちらのものですか？」とお伺いすることがスマートな大人のマナーです。

ティースプーンの扱いかた

紅茶にミルクやお砂糖を入れる際には、ティースプーンを使い、音を立てずに混ぜます。このときにカップの中でグルグル混ぜたり、底に当てながら擦るのはＮＧ。スプーンを軽く浮かせた状態で、手前から奥へとＮの文字を往復しながら描くイメージで静かに動かし、使い終わったらカップの奥にハンドルを右にして上向きに置きます。

ホットウォータージャグの正しい使いかた

ホットウォータージャグには、紅茶の濃度を調整するためのお湯が入っています。飲み終えたポットの茶葉に差し湯をして、２杯目の紅茶を淹れるのは誤った使いかた。茶葉が時間の経過とともに濃くなってしまったり、薄めの紅茶が好みの場合に、ポットではなくカップに注ぎ入れるのが正しいマナーです。

ナプキンの扱いかた

テーブルナプキンの扱いにも気を配りたいことがあります。

広げるタイミングは注文を済ませてからウェルカムドリンクが運ばれるまでの間。着席して即座に広げるのは「お料理を早く持ってきて！」と催促しているようにも受け取られます。

扱いかたは、サイズによって変わります。

アフタヌーンティー用の小ぶりなティーナプキンは、二つ折りの状態に広げて輪が手前にくるように膝に置きます。

ホテルでは少し大きめの食事用ナプキンが出てくることが多いので、この場合は輪を手前にして1／3を折り込みます。

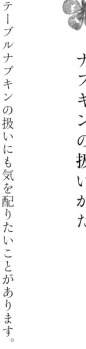

どちらの場合も、折り込んだ内側の端から使っていきます。こうすることで、汚れた箇所がまわりのかたの目に触れることなく、スマートに扱うことができます。

途中でやむを得ず中座する場合、ナプキンは軽く畳んで椅子の上に置きます。椅子の上に置くことで「戻ります」という合図になります。

ナプキンを誤って落としてしまった場合は、大きな声をあげたり自分で拾い上げることはせずに、タイミングを見計らい合図をし、新しいものに交換していただくようにします。

席を立つ際に、美味しかったという意思表示としてクシャクシャに丸めて置くというのは、粗雑な印象を与えることもあります。使用した面を内側にして中央部分をフワリとつまみ上げ、テーブルの上に置いて席を立ちます。

3段スタンド
スマートな食べ進めかた

アフタヌーンティーの3段スタンドに盛りつけられたティーフーズ。食べ進めかたにも作法があります。

「堅苦しいマナーなんて気にせず、好きなように食べればいいのでは……?」

そう思ったら、日本の茶道を思い浮かべてみてください。

たとえば、正式な茶事では茶懐石を含むフルコースでおもてなしをしますが、簡略化した席では「点心」と呼ばれるお弁当箱が供されることもあります。

茶懐石はクライマックスのお茶を美味しく味わうために、味の薄いものから濃いものへと順番に運ばれてきますので、お弁当箱に一緒に運ばれてきた場合でも、同じようにいただくことがマナーになります。

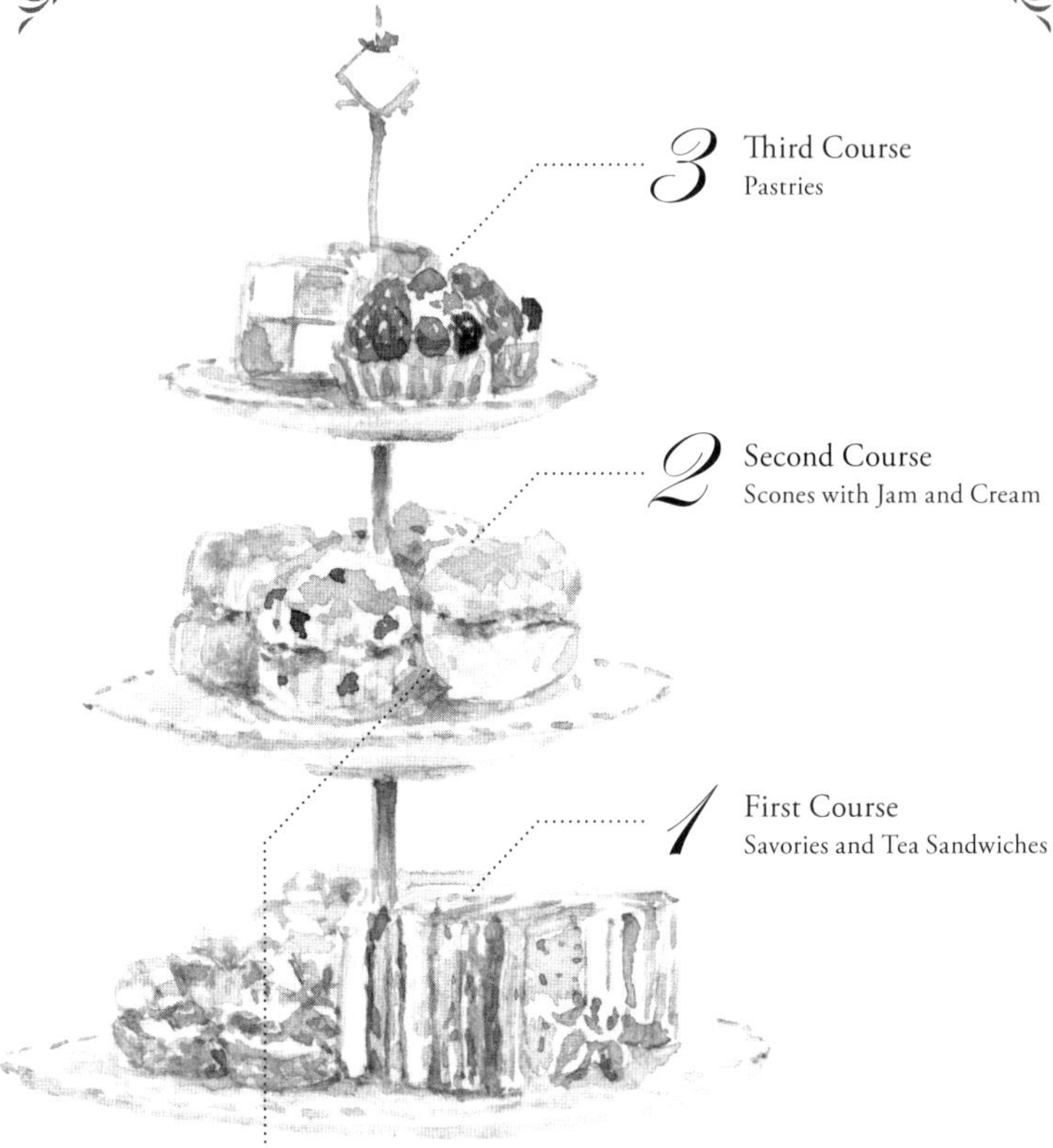

Cornish style : Jam first
Devonshire style : Cream first

アフタヌーンティーの3段スタンドも同じこと。

その昔、貴族のフォーマルなティーセレモニーでは、ティーフーズはシルバーのサービスプレートに盛りつけた状態で、タイミングを見計らいながら、コース仕立てで一皿ずつ運ばれてきました。

スタンドにひとまとめにして簡略化しても順番は崩さずに、セイボリー・スコーン・ペイストリーと、塩味から甘味へ順にいただくのがスマートです。

最近は日本でも「3段スタンドでいただく際には順番があるらしい」ということが認知されるようになりましたが「下から順番に食べるのがマナー」という説明も見受けられます。

ただし、この覚えかたは危険です。

なぜなら、日本の場合は見栄えが重視され、例外パターンも多いからです。

また、もうひとつ理由があります。

順番にセッティングした場合スコーンが中段にきますが、温かいスコーンの熱が上段のプレートに伝わり、クリームなどが溶けてしまう恐れがあるため、下段から、セイボリー・ペイストリー・スコーンという順番で、敢えてスコーンをトップに置くこともあるのです。

単純に位置で覚えるのではなく、塩味のセイボリーからスタートし、甘味のペイストリーへと食べ進めるという原則を、頭にインプットしましょう。

そして、フォーマルな場合、この順番は逆戻りしません。

コース仕立てでサービスする際には、前のプレートを下げてから次に進みますので、意識せずとも順番にいただくものですが、3段スタンドで出てくると、好きなように食べてしまいがちです。

本来ティアスタンドは複数人でシェアするもの。その中で、一人だけ好き勝手に食べ進めていたら、マイペースというよりも配慮に欠けた行動と受け取られてしまうこともあります。

ティーフーズをいただく順番は、コース料理と同じように最も美味しく味わうために全体の調和やバランスを考慮して作られたものです。そこには、作り手に対するリスペクトの意味も込められています。

とはいえ、日本で体験するアフタヌーンティーにおいて、茶道の茶事に相当するような厳格なマナーを要求されるシチュエーションは、ほとんどありません。

インフォーマルな場合は特別なルールはありませんし、冷たいものは冷たいうちに、温かいものは温かいうちにいただくことが、作る側と食べる側の双方にとってベストなタイミングともいえます。

オーソドックスなマナーを押さえていれば、いくらでもアレンジが利くもの。まわりとコミュニケーションを取りながらペースをあわせ、スマートに食べ進めてみてください。

品格を感じる食べかた

ティアスタンドは、たとえ1人用でも取り外したプレートをそのまま使うのではなく、自分のプレートに取り分けてからいただきます。

また、スタンドを何人かでシェアして使う場合、フォーマルなスタイルにおいては、メインのかたがスタンドからプレートを外して自分のプレートに取り分け、時計と反対方向にハンドリングしながらまわしていきます。

取り分ける際には、個人用ではなくサービス用のカトラリーやサーバーを使います。このとき気を利かせたつもりで、ほかのかたの分まで取り分けるのはNG。

たとえば、数人でシェアするようなティーフーズが出てきた場合、日本人の感覚では「等分にきっちり分配」しがちですが、それは農耕民族の集団主義からくる考えかた。狩猟民族をルーツとする西洋では個人主義が優先され、ゲストの数とバランスを見ながら自分が食べたい分量を取り分けます。

全体の量が多いとき、残すことは問題ありません。

イギリスでは「食べきれないほど用意すること」というヴィクトリアンティールールから、紅茶もティーフーズもおかわり自由というホテルが多く、残した分はボックスに入れて持たせてくれます。

日本では衛生上の理由からお断りということも多かったのですが、最近ではフードロスの観点から持ち帰り用の箱を用意くださるホテルも増えています。

ティーサンドイッチ
Tea Sandwich

アフタヌーンティーの場合、小ぶりなフィンガーフードが並びますので、手でつまむことができるサンドイッチなどは、左手で口に運びます。

なぜ、左手を使うのでしょうか？

ティーカップを持つ右手でティーフーズを食べると、指先に残った油脂などでハンドルを汚してしまうことになるうえ、手も滑りやすくなります。

そこで「飲みものは右手、食べものは左手」と使い分けをするのです。

普段は意識することなく利き手を使っていると思いますが、慣れない左手でつまむことで自然と指先に意識が向き、ゆっくりと丁寧で洗練された所作になります。「紅茶は右手、ティーフーズは左手で……」を心がけてみてください。

スコーン

Scone

スコーンをいただく際には、まず自分のプレートの手前にジャムとクロテッドクリームを取り分けておき、スコーンを置きます。

そして、左手でスコーンを持ち「狼の口」と呼ばれる割れ目の中心あたりに右手の親指を添え、上部を持ち上げるようにして上下ふたつに割ります。

最近は腹割れのないスコーンもありますので、割りにくいときはナイフで切れ目を入れてから手で割っても構いません。

次に左手でスコーンを持ち、右手でティーナイフを使い、ジャムとクロテッドクリームを塗っていただきます。どちらが先かという正誤はなく、地域によっても違いがありますが、正統的な作法はジャムファースト。スコーンの熱でクリームが溶けてしまうことを防ぐために、まずジャムを先に塗り、その上にクリームをのせて、口に運びます。

Column 12

スコーンに添えるジャムの約束事

アフタヌーンティーのスコーンに添えるジャムとして「避けるべき」といわれていたのがマーマレードです。理由は、イギリス家庭の朝食風景の中にありました。

日本の「ご飯と納豆」にあたるのが「トースト&マーマレード」。薄いパンをカリカリにトーストして、マーマレードをたっぷりと塗っていただきます。その朝食用というイメージの強いマーマレードがアフタヌーンティーの席に登場すると、優雅な雰囲気が崩れてしまうというわけです。

イメージだけではなく、実際にクロテッドクリームとの相性を考えると、柑橘系よりもベリー系のほうが合うともいわれていました。

ただし、近年マーマレード世界大会が開催され、バリエーション豊かな「進化系マーマレード」が誕生しています。中にはスコーンを想定したレシピもあるほど……。となると相性抜群です。

もはや「マーマレードは出してはいけません」というのは、時代の風潮にはそぐわないマナーとなりつつあるようです。

Column 13

スコーンにナイフを入れてはいけないのはなぜ？

伝統的なティーマナーのひとつに「スコーンをナイフで切ってはいけません」という説があり、特に「十字にカットすることはタブー」とされています。

理由として、スコーンの由来が「聖なる石」にあり、神聖な存在とされるためというものです。

その石は、チャールズ国王が戴冠式の際に座った玉座に収められていた戴冠石（The Coronation Stone）のこと。あの石こそが、スコットランド王家の守護石でもあった運命の石「Stone of Destiny, the Stone of Scone」なのです。

イギリスは4つの国から形成される連合王国。国によって文化も考え方も異なります。

特にスコットランドでは、神聖なスコーンにナイフを入れるのは冒瀆であると考えるかたもいます。そんな誇り高きスコッツへの配慮を形にしたマナーともいえます。

ペイストリー
Pastry

多彩なペイストリーは、大きく生菓子と焼き菓子に分かれます。

順番としては、生菓子をいただいたあとに焼き菓子に進むとスマートです。手でつまむことができるフィンガーフードは左手で口に運び、大きめのものはナイフでひと口サイズにカットし、左手でいただきます。

つまむことができないお菓子は、添えられているカトラリーを使います。ナイフ＆フォークを使う場合は、右手にナイフ、左手でフォークを持ち、ナイフでカットしたあと、フォークは背を上に向けたまま刺していただきます。ペイストリーフォークは、右手でフォークの腹を上に向けて持ち、そのまま刺していただくか、フォークを横向きに持ち、３本歯の左部分をナイフとして使用しても構いません。

グラススイーツなどはスプーンを使い、音を立てずにいただきます。

教養が表れる会話とは

社交から発祥したアフタヌーンティーの愉しみは、人と人を結ぶコミュニケーションにもあります。親交を深め、共有する時間を最大限に愉しむためには、会話にもマナーが必要です。

ここでも忘れてはいけないのが、思いやりの気持ち。一緒にいるかたに気を配り、気分を損なうような話は避け、自分の言葉に責任を持つことが大切です。まず、会話に集中することは最低限のマナー。スマホやデバイス類の使用は最小限に抑え、マナーモードにしておきます。口に食べものが入った状態で話をすることは避け、声の大きさやトーンは抑えめに、穏やかな口調で気品ある会話を心がけます。

社交会話のマナーとして、共通するポジティブなトピックが望ましく、避けるべき話題があることも頭に入れておきます。

政治や宗教など論争につながるような話題や、健康面や病気についての話、プライバシーに踏み込むような話もお食事の場にはふさわしくありません。

全員が心地よい会話になるよう調和を大切にしながら、一人に偏ったり、ひとつのトピックが長すぎたりすることのないよう、気遣いを忘れずに。

何だか堅苦しいと思ってしまいますが、円滑なコミュニケーションのために覚えておきたい大人のマナーです。相手を認め、敬う気持ちがあれば大丈夫。それが場の空気となり、伝わっていきます。

気の利いた会話ができるように、日頃から美術館や博物館に行く、映画や舞台を見る、本を読むなどしてブラッシュアップを心がけましょう。

立ち去ったあとも美しく

アフタヌーンティーを終えて退席する際にも、心配りが必要です。

食事後の食器はしばらく放置されることもあり、意外と目に留まりやすいもの。周囲への気遣いやスタッフのかたへの感謝の気持ちがあれば、食べ散らかしたまま席を立つことはないはずです。

また、最近問題になっているような、SNS用に3段スタンドの前で動画や写真を撮影し、ほとんど手をつけずに立ち去ることも、作り手の立場からすると不躾《ぶしつけ》に映る行為です。

食べ終えたあとのテーブルまわりにも品位が漂うもの、席を立つ際にはなるべく綺麗な状態にします。

茶事の場合は、懐石をいただいたあと懐紙で器を拭き清め、残肴や使い終えた懐紙は袖落としに入れて持ち帰るのが礼儀です。

もちろん、アフタヌーンティーの場でそこまでする必要はありませんが、ジャムやクリームの食べ残しやフルーツの皮や種などはプレートの隅にまとめるなどの配慮を心がけます。

また、ティーカップに残った口紅は意外と目立つものです。席につく前に軽くティッシュでおさえておき、残ってしまった口紅は指で拭うことはせず、ペーパーナプキンで拭き取ります。

カトラリーの置きかたは、国によって、また階級によっても違いがあります。フォーマルな英国スタイルとしては、時計でいう「6時置き」。ナイフの刃を内側、フォークの背を下に向け、プレートの中央に縦に揃えます。

これは、お食事終了のサインでもある最後のマナー。このあと使用したナプキンをテーブルの上に置き、席を立ちます。

アフタヌーンティーマナー 10か条

Ⅰ ＊ 紅茶より先に
ミルクを入れてはいけません

Ⅱ ＊ ティーカップを持つ際に
小指を立ててはいけません

Ⅲ ＊ 紅茶は音を立てて
飲んではいけません

Ⅳ ＊ ビスケットを
紅茶に浸してはいけません

Ⅴ ＊ ジャムやクリームを
一度に盛りすぎてはいけません

Ⅵ ＊ フィンガーサイズのフードを
ティーナイフで切ってはいけません

Ⅶ ＊ 紅茶に入れたレモンを
口にしてはいけません

Ⅷ ＊ ティータイムの間は
鼻をかんではいけません

Ⅸ ＊ 室内でジャケットを
脱いではいけません

Ⅹ ＊ 使用したナプキンは
しっかりと畳んではいけません

ヴィクトリアンレディたちからのプレゼント

ヴィクトリア時代の英国では、アフタヌーンティーの流行にともなって、マナーが次々と細分化されていきました。上流階級の間では、産業革命によって階級社会を揺るがすほどの力をつけてきた新興層に対してのマウントとして「べからず集」のような規範まで囁かれることもあったといいます。

そんな細かすぎる掟の一例をご紹介します。

３代先までお見通しといわれるティーマナー。

ヴィクトリアンレディたちが21世紀に向けて刻んだメッセージを読み解いていきましょう。

Ⅵ

フィンガーサイズのフードを
ティーナイフで
切ってはいけません

アフタヌーンティーに登場するひと口サイズのフィンガーフードは、ナイフ＆フォークを使う必要はなく、手でつまんで口に運びます。

Ⅶ

紅茶に入れたレモンを
口にしてはいけません

ヴィクトリア女王がロシアで出会い、イギリスへと持ち帰ったレモンティー。レモンはあくまでも上品な香りづけ。紅茶に入れたままにしたり口にするのはタブーとされます。

Ⅷ

ティータイムの間は
鼻をかんではいけません

社交の場においては、周囲に不快感を与えるような行動は避けるのがマナー。たとえ生理的な現象であっても、配慮を欠かさず清潔感を心がけます。

Ⅸ

室内でジャケットを
脱いではいけません

身嗜みはドレスコードを守り、調和を重んじることが大切。その場にふさわしい服装と振る舞いをすることが品位につながります。

Ⅹ

使用したナプキンは
しっかりと畳んではいけません

席を立つ際、ナプキンは中央をつまんでテーブルの上に置きます。最後まで周囲への気遣いを忘れずに去るのが、気品ある振る舞いです。

I

紅茶より先に
ミルクを入れてはいけません

紅茶が先かミルクが先か……？　これはイギリス人が大好きな議論ですが、その裏には階級も絡んでいるようです。紅茶は繊細な香りを堪能すべく上流階級ではMIA（Milk in after）の作法が流儀とされました。

II

ティーカップを持つ際に
小指を立ててはいけません

小指を立てる仕草は、古代ローマ時代に由来するオールドファッションのマナーの名残。小指は立てるのではなく、バランスを取りながら薬指に添えるようにするとエレガントです。

III

紅茶は音を立てて
飲んではいけません

音を立てて食事をすることは、周囲への配慮に欠けたマナーに反する行為です。茶道では吸い切りという作法もあるため、無意識に音を立てて飲んでいることもあるので注意が必要です。

IV

ビスケットを
紅茶に浸してはいけません

イギリスでは硬いビスケットを紅茶に浸して食べるダンキングというスタイルが浸透していますが、繊細なティービスケットはダンキング厳禁がお約束。

V

ジャムやクリームを
一度に盛りすぎてはいけません

レディが大きな口を開けるのはNG。スコーンにのせるジャムやクリームも決してベタ塗りはせず、小ぶりなティーナイフを使い、食べる分のみ少量を塗っていただきます。

Last message

最上のマナーとは？

階級社会のイギリスにおいて、マナーは決してひとつではありません。自分の価値観に固執して、その枠から外れると「あれは間違っている！」と批判する行為こそが究極のマナー違反。物事を主観で判断し人をジャッジすることは、品位や信頼を下げることになります。

マナーは心のエレガンス。お互いを認め尊重しあい、思いやりの気持ちで接することがマナーの本質であることを忘れないでください。

Thank you for the lovely afternoon tea!

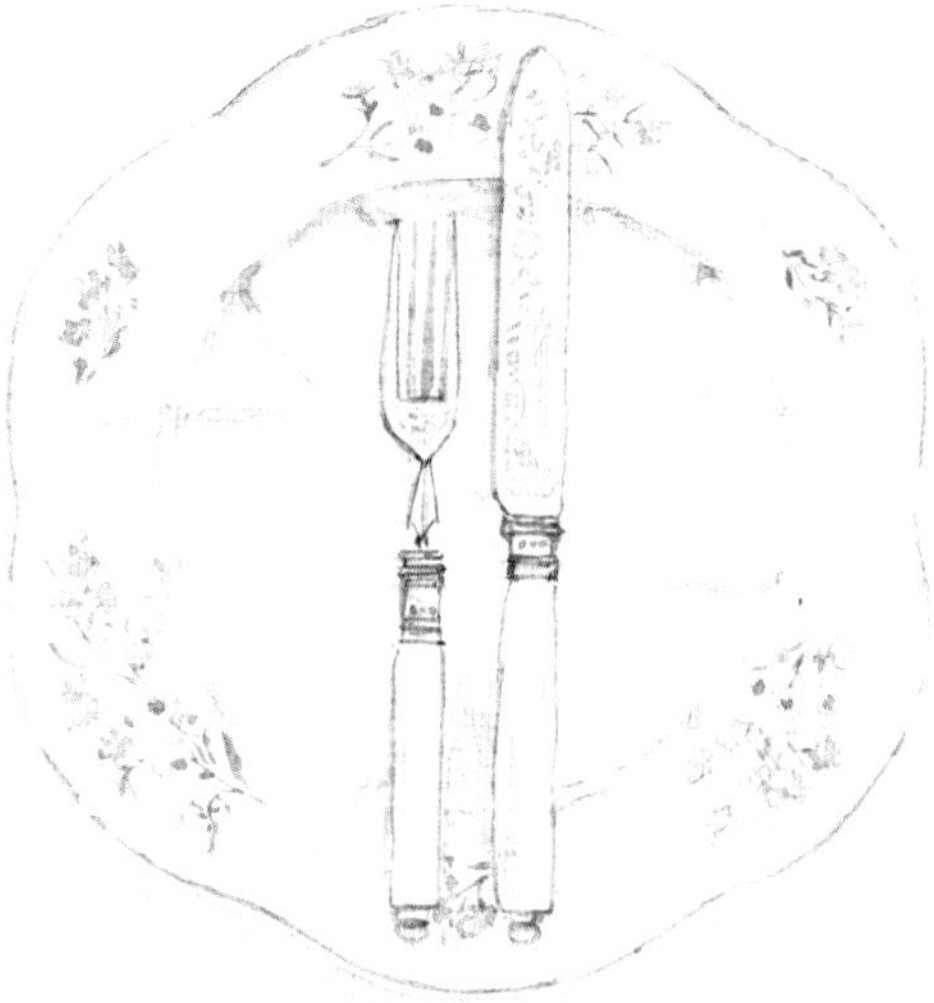

おわりに

人生の幸福感は、心地よい時間や体験の積み重ねによって高まります。

小さな頃、遠いイギリスの紅茶文化に心惹かれた瞬間から、憧れのティーカップを手にしたとき、素敵な銀器やアンティークに出会ったとき、一杯の紅茶が沢山の小さな幸せを運んできてくれました。

その扉の向こう側には、生活芸術という奥深い世界が広がっていて、興味は次々と高まっていきました。知れば知るほど魅了され、五感を磨きながら学び実践する愉しみは、いまだに尽きることがありません。

そんなアフタヌーンティーの魅力を一人でも多くのかたに知っていただき、心ときめく時間をシェアすることができれば……、そんな気持ちから一冊の本を書き進めてみました。

素敵なティータイムを通して、沢山のHappinessがつながっていくことを願って。

Special Thanks

本書の出版にあたり、お力添えくださった河出書房新社のご担当様、エディターの早草れい子様、水彩画家の中野あかね様、デザイナーの一番町クリエイティブ様、そしてこの本を手にとってくださったすべてのみなさまに、心より感謝申し上げます。

藤枝理子 Fujieda Rico

英国紅茶＆アフタヌーンティー研究家。大学卒業後ソニー株式会社に勤務。会社員時代のお給料と休みはすべて、日本全国、そして海外の茶博物館・陶磁器美術館・ティーロード探検にあてる。紅茶をライフワークにしたいと一大決心をし、イギリスに紅茶留学。本物の英国文化としての紅茶を、一般家庭の暮らしから学ぶ。同時に、ヨーロッパ各国の生活芸術を研究。
帰国後、東京初となる自宅開放型の紅茶教室「エルミタージュ」を主宰。英国スタイルにて紅茶の知識やマナーをトータルで学べる「予約のとれない大人の教養サロン」とメディアで話題となる。2006年に初の著書『サロンマダムになりませんか？』（WAVE出版）を出版。起業スタイルが注目され、サロンブームの火付け役に。現在、テレビ・雑誌をはじめ、企業・大学での講演やコンサルタントとしても活躍。著書に『もしも、エリザベス女王のお茶会に招かれたら？』（清流出版）、『英国式アフタヌーンティーの世界』（誠文堂新光社）、『仕事と人生に効く 教養としての紅茶』（PHP研究所）など多数。

https://www.instagram.com/rico_fujieda

Staff

ブックデザイン　轡田昭彦＋坪井朋子
装画／本文イラスト　中野あかね
編集制作　早草れい子（Corfu企画）

参考文献

The Illustrated Catalogue of Furniture and Household Requisites

英国流 アフタヌーンティー・バイブル

歴史から教養、マナーまで。
これ1冊でわかる

2024年5月20日　初版印刷
2024年5月30日　初版発行

著　者　藤枝理子
発行者　小野寺優
発行所　株式会社河出書房新社
〒162-8544
東京都新宿区東五軒町2-13
☎03-3404-1201（営業）
☎03-3404-8611（編集）
https://www.kawade.co.jp/

印刷・製本　図書印刷株式会社

Printed in Japan
ISBN978-4-309-29396-7